# 나를 쓰는 시간

# 나를 쓰는 시간

한 줄의 기록이 삶을 바꾼다

장예원 지음

북로망스

"지금 이 순간, 나의 삶이 그려지고 있다.
어제는 지나갔고 내일은 오지 않았다.
멈추지 않는 시간 속에서
삶을 어떻게 채워나갈지는 오직 나의 몫이다."

# 기록, 삶의 물음표를
# 느낌표로 바꾸는 일

새로운 시기를 맞이할 때마다 우리는 자신에게 기대를 건다. 더 건강해지기 위해 헬스장에 등록하고, 계획적인 하루를 만들기 위해 다이어리를 장만하며, 더 괜찮은 삶을 위해 애쓴다. 나 역시 매년 노트 한 권을 고른다. 좋았던 일을 남겨두거나 나의 감정들을 빼곡하게 담아내고 싶어서다.

기록과의 첫 만남은 일기였다. 하지만 어린 시절의 일기는 남이 볼 것을 염려하며 썼다. 숙제 검사를 받는 공적인 일기장과 혼자만의 비밀 일기장. 같은 하루를 적어도 그 속에는 서로 다른 내가 있었다.

진짜와 가짜가 뒤섞인 글이었지만 시간이 흐른 뒤 돌아보니 그마저도 모두 나였다. 그렇게 쓰고 지우는 과정 속에서 기록하는 습관이 생겨 이제는 쓰지 않으면 안 될 삶의 일부가 되었다. 두서없는 생각을 글로 정리하는 과정에서 길을 찾았고, 그 습관이 말을 업으로 삼은 지금의 나를 만드는 데에도 큰 영향을 끼쳤다.

기록은 흘러간 삶을 다시 한번 살아보게 하는 힘이 있다. 기쁜 순간을 적어두면 그날의 희열과 행복을 느낄 수 있고, 아팠던 기억 속에서도 성장의 조각을 발견할 수 있다. 되돌아가고 싶지 않은 힘든 순간을 훗날 다시 읽으면 그때를 이겨낸 지금의 나를 마주하며 용기를 얻는다. 외면했던 감정을 글로 털어놓는 것만으로도 치유가 되고, 다시 걸어갈 힘이 생긴다. 말로 꺼내지 못했던 마음도 글에서는 자유로워질 수 있다.

기록을 하며 깨달은 게 있다. 사람은 죽기 전까지도 자신을 온전히 알지 못한다고 하지만 기록을 통해 조금 더 선명하게 이해할 수 있다는 사실이다. 무심코 흘려보냈던 고민들이 나를 흔들거나 감정의 변화가 어디서 오는지조차 몰라 혼란스러웠던 순간이 많았다. 그래서 다른 누구도 아닌, 나 자신을 제대로 알고 싶은 마음으로 기록했다.

이 책은 흔들릴 때마다 중심을 다잡기 위해 되뇌었던 말과 스스로 던진 질문들의 모음이다. 원하는 일이 무엇인지, 앞으로 어떻게 살아가야 할지에 대한 깊은 고민부터 오늘을 대하는 태도, 인간관계를 유지하는 법 같은 크고 작은 문제들까지, 더 나은 어른으로 살고 싶어서 탐색했던 물음이 100가지가 되었다. 많다고도, 적다고도 할 수 있지만 중요한 건 이 질문들이 내 삶을 진전시키는 시작점이 되었다는 것이다.

이 책을 읽는 이들에게도 같은 물음을 던지고 싶다. 그래서 단순히 읽고 끝나는 것에 그치지 않도록, 각 글마다 건네는 질문에 직접 답을 써 내려가며 나 자신을 더 깊고 넓게 이해할 수 있도록 구성했다. 글을 읽으면서 자신의 경험과 대입해 보고, 100가지 질문에 답하는 과정을 통해 나를 솔직하게 마주할 용기를 얻길 바란다. 기록은 과거를 되돌아보는 작업만이 아니라, 미래를 주체적으로 설계하며 새로운 가능성을 여는 일임을 이 책과 함께 알아가면 좋겠다.

지금까지 나에게 얼마나 관심을 기울였을까? 세심하게 마음 곳곳을 들여다본 적은 있었을까? 꾸준히 자신에게 묻는 일은 단순한 의문이 아니라 삶의 답을 찾는 과정의 일부다. 이 책을 덮을 즈음엔 당신의 기록이 삶을 변화시키는 시작이 되길 바란다.

지금, 당신은 '나'를 쓰기 위한 출발선에 서 있다.

## 1. 하루 한 페이지 기록하기

한 장씩 글을 읽고, 그와 관련된 질문에 나의 답을 써본다. 이 책은 인생에서 마주하는 크고 작은 물음표에 관해 여섯 가지 주제로 나누어 탐색해 나간다.

1장. 삶의 의미를 쓰다
2장. 관계를 기록하다
3장. 내면의 온기를 채우는 연습
4장. 어른의 길을 걷는 과정
5장. 꿈을 그려가는 날들
6장. 나와의 믿음을 쌓는 태도

책의 순서대로 따라가지 않아도 좋다. 지금 와닿는 글을 먼저 읽고, 마음이 머무는 질문을 골라 노트 페이지에 나의 이야기를 써내려가 보자.

## 2. 자유롭게 기록하기

정해진 방식은 없다. 사실만 간단히 적은 짧은 메모도 좋고, 감정과 생각이 담긴 긴 이야기를 풀어내도 괜찮다. 이 책에서 인상 깊은 문장을 필사하는 것도 하나의 방법이다. 어떤 질문에는 쉽게 답할 수 있지만, 어떤 질문은 시간을 두고 천천히 생각해야 할 수도 있다. 다 쓰지 않아도 문제없다. 핵심은 정답을 찾는 것이 아니라, 나를 조금 더 깊이 들여다보는 과정 그 자체다.

### 3. 기록을 루틴으로 만들기

일과를 마친 밤이나, 아침에 일어나서 모닝 페이지처럼 활용해 보자. 꾸준히 나에게 집중하는 시간을 만드는 게 포인트다. 누구의 시선도 신경 쓰지 않고 나만의 언어로 솔직하게 써 내려가는 것 자체로 의미가 있다.

### 4. 되돌아보는 시간을 갖기

쓴 글을 종종 다시 읽으며 그때의 내가 어떤 고민을 했고 어떤 답을 내렸는지 살펴보자. 과거의 나에게서 의외의 깨달음과 위로를 얻을 수도 있다.

차례

## 5장 꿈을 그려가는 날들
### 시작하는 사람의 마음가짐

## 6장 나와의 믿음을 쌓는 태도
### 삶은 내 해석이 만드는 이야기다

# 1장

# 삶의 의미를 쓰다

# 인생은 움직이는 만큼 변한다

수많은 사람들 앞에서 말하는 일을 업으로 삼고 있다. 그러나 나는 처음부터 말하기를 좋아하지는 않았다. 학창 시절 발표할 차례가 되면 말 한마디 하지 못하고 우두커니 서 있었고, 지목당하지 않으려고 선생님의 눈을 피하곤 했다. 그렇게 소극적인 유년 시절을 보내다가 중학생 때 용기를 내어 방송반 시험에 지원했는데, 뜻밖에 덜컥 합격해 버렸다. 그때는 무슨 바람이 불었는지 스스로 지원서를 냈다는 사실 자체가 놀라울 따름인데 이 계기로 내 삶이 조금씩 달라졌다.

처음엔 너무 떨리고 두려웠지만, 점차 적응하며 남들 앞에서 목소리를 내는 일이 익숙해졌다. 교내 아나운서로 활동하며 점심에는 음악방송을 하고 학교 행사가 열리면 사회를 보았다. 그러면서 남들과 다른 나만의 가능성을 발견했다. 처음에는 단순한 역할이라고 생각했는데 내 목소리로 많은 사람과 소통하는 일이 흥미롭게 다가왔다. 생각을 정리하고 말하는 활동이 자연스럽고 즐거워지며, 내가 앞으로 발전시킬 수 있는 재능일지도 모른다는 생각이 싹텄다. 말을 통해 사람들에게 영향을 줄 수 있다는 사실이 점점 더 매력적으로 느껴졌고 그 꿈이 계속 자라나 삶의 목표가 되었다.

대학생이 되어 치열하게 준비한 끝에 방송국 아나운서 시험에 합격했다. 합격 기사가 보도되었을 때 주변 사람들이 입을 모아 말했다. "와, 결국 해냈구나. 그렇게 하고 싶다고 하더니!" 만약 되지 못했다면 창피할 정도로 그동안 주변에 내 꿈을 선언해 왔기에 이룰 수 있던 일이었다. 그만큼 열망이 확실했다. 출처 모를 자신감으로 이야기하고 다녔던 용기가 목표에 도달하게 했고, 그때의 성취는 인생의 큰 밑거름이 되었다.

하지만 꿈을 이뤘다고 해서 삶의 모든 일이 탄탄대로는 아니었다. 오랫동안 품어왔던 목표를 이루고 나니 갑작스러운 공허함이 몰려왔다. 나는 항상 목표를 정해두고 달려가는 사람이었는데 다음으로 가야 할 방향이 보이지 않았다. "이제 어디로 가야 할까?"라는 질문이 머릿속을 맴돌았다. 새로운 목표를 설정하는 건 간단한 일처럼 보였지만 이상하게도 하고 싶은 일이 떠오르지 않았다. 열정이 식은 것도 아니고 달려갈 힘이 부족한 것도 아닌데, 그동안 한눈팔지 않고 달려왔던 삶 속에서 나를 이끌어줄 좌표를 잃어버린 기분이었다.

무엇보다 아나운서라는 직업적 정체성과 인간 장예원이라는 개인 사이에서 혼란이 깊어졌다. 진행하는 프로그램마다 기대하는 모습이 있었고 그 틀에 나를 맞추다 보니 스스로와의 괴리가 커지는 느낌이었다. 내가 나를 가장 잘 안다고 믿었던 확신마저 흔들리면서, 스스로 만든 가림막 안에 갇혀 나조차 내 속마음을 들춰볼 용기를 잃었다. 이런 혼란 속에서 처음으로 심리 상담을 받았다. 가장 가까운 친구에게도 차마 털어놓을 수 없었지만 나에게 꼭 필요한 시간이었다. 이야기를 나누는 것만으로도 마음속에 쌓여 있던 불안감이 반으로 줄어드는 것 같았다. 상담 결과는 나의 상태를 이렇게 결론지었다.

"자연스러운 과정이에요. 누구나 한 번쯤은 겪는 일이니 괴로워하지 않아도 됩니다. 너무 뚜렷한 목표만 좇다 보니, 그만큼 늦게 찾아온 성장통일 뿐이에요."

꿈을 이루었다고 해서 인생의 목적이 완성되는 것은 아니다. 또한, 단 하나의 꿈만으로 삶이 완벽해지는 것도 아니다. 도리어 예상치 못한 질문이 시작되는 순간이 찾아온다. 삶은 결국, 질문하고 답을 찾아가는 끝없는 과정이라는 사실을 알게 되었다.

"이 길이 나를 위한 길인가?"

"이 선택이 나를 지켜낼 수 있는가?"

스스로를 보호하기 위해 켜켜이 쌓아둔 껍질을 하나씩 벗겨내며, 진짜 나를 찾아가는 과정이야말로 삶의 목적을 이루는 길이다. 나는 그 과정을 무심히 흘려보내지 않기로 했다. 그래서 어떻게 살아야 하는지, 무엇이 나를 살아가게 만드는지를 되새기며 노트에 기록해 나갔다. 직접 쓰는 행위가 내면을 더 단단하고 건강하게 만들어줄 거라 믿었기 때문이다.

삶의 방향을 고민하는 이들에게 말하고 싶다. 무엇을 원하

는지 스스로에게 질문을 던져보자고. 이제, 내 자아를 잃지

않고 지키기 위한 여정을 기록할 시간이다.

.

# 001

# 살아내는 모든 순간이
# 의미 있다

인생에서 가장 중요한 것은 '무엇을 이루었는지'보다 '그 시간을 어떻게 살아냈는가'이다. 매 순간 진심을 다했다면 그걸로 충분하다. 그렇게 살아있다는 것, 살아내고 있다는 것만으로도 당신은 존중받아 마땅하다.

그동안 내가 최선을 다한
시간들에 대하여 써 보자.

# 표류하지 않을 준비

　뜻하지 않은 파도에 휩쓸리지 않도록, 내 안의 중심을 단단히 잡는 연습을 해야겠다. 그러기 위해 나를 지탱하는 가치를 분명히 하고, 무엇이 나를 흔들고 다시 일으켜 세우는지 알아차리는 것부터 시작해 본다.

　예상치 못한 어둠이 찾아와 마음이 다치지 않도록, 불필요한 감정은 놓아버리는 법을 익혀야 한다. 감정을 억누르기보다 다루는 것. 깊게 뿌리 내린 나무는 거센 비바람에도 쉽게 흔들리지 않는다. 그러니 두려움에 움츠러들기보다 겁내지 않는 연습을 해야겠다.

감정 기복이 커질 때 균형을 잡기 위한
나만의 방법이 있다면?

## 003 | 인생 최고의 가치는 무탈함

한때 무조건 행복해야 한다는 강박이 오히려 나를 불행하게 만들었다. 특별한 에피소드가 없으면 실패한 하루처럼 느껴지곤 했는데, 그렇다고 억지로 웃을 일을 만들어야 할 이유는 없지 않은가. 오늘이 무탈하게 흘러갔다면 그것만으로도 충분히 감사할 일이다. 별다른 문제 없이 평온한 밤을 맞이하고, 내일 아침 기분 좋은 인사를 건넬 수 있다면 그걸로 된 거다. 그것이야말로 그토록 꿈꾸던 행복이다.

오늘을 돌아봤을 때,
내가 놓치고 있던 감사의 순간이 있다면 무엇일까?

# 004

# 무의미한 시간도 '하는' 것이다

무의미한 시간도 필요하다. 그래서 전시회에 가고, 돌담 길을 걷고, 가끔 훌쩍 여행을 떠나기도 하며 멍하니 보낸다. 아무것도 하지 않은 채 하루를 허비하며 '이렇게 살아도 되나' 싶은 순간이 찾아오기도 한다. 하지만 차에 연료를 채워야 다시 달릴 수 있듯, 사람도 마찬가지다. 허공에 떠도는 시간 같아도 그런 날들이 있어야 다시 에너지를 두둑하게 채울 수 있다. 그래야 인생이란 긴 여정을 떠날 힘이 생기니까. 그렇게 흘려보낸 듯한 하루가 결국 나를 지탱하는 깊은 흔적이 되었다.

# 나에게 무용한 것이어도
## 하면 즐거운 것들이 있는가?

# 철이 든다는 것

어른의 사전적 의미: 다 자란 사람. 또는 다 자라서 자기 일에 책임을 질 수 있는 사람. 또는 결혼을 한 사람.

어쩌면 평생 어른이 될 수 없는지도 모르겠다.

# 내가 생각하는 어른의 의미는?

인생의
나이테

어떤 상황을 맞닥뜨리든 모두 나에게는 좋은 경험으로 남는다. 수많은 일들이 덧입혀진 시간이 켜켜이 쌓여 지금의 나를 만들어준 것일 테니까. 내일은 어떤 하루가 펼쳐질지 누구도 알 수 없지만 한 가지는 확신할 수 있다. 나는 분명 또 잘 해낼 것이다.

나이테의 또 다른 이름은 연륜이다.
어떤 경험이 나의 연륜을 만들었는가?

# 007

# 낭비도
# 해봐야 한다

세상의 모든 낭비를 싫어한다. 불편하게 얽혀있는 사람 관계, 생산성 없이 소모해 버린 에너지, 돌아오지 않을 시간, 허투루 쓴 돈. 그리고 허공에 날린 감정까지.

낭비하지 않으려 애쓰지만, 어쩔 수 없이 흘려보내는 것들이 있다. 그래도 괜찮다고 일부러 다독인다. 모든 것을 붙잡고 있을 수는 없으니까. 조금 덜어내야 비워지고, 비워져야 더 애틋한 것들로 채울 수 있다.

# 살면서 낭비했다고 생각했던 것들은?

# 행복을 더하기보다
# 불행을 덜어낼 것

행복을 필사적으로 좇기보다

불행한 감정을 덜어내는 것이 더 쉬울지도 모른다.

행복은 억지로 채우는 것이 아니라,

서서히 스며드는 감정이기 때문에.

불필요한 불행을 만들어내는
습관이나 생각은?

## 성공한
## 인생이란

경제적으로 부족함 없이 살고 있나?

많은 사람에게 존경받는 위치에 있나?

이루고 싶은 목표를 향해 나아가고 있나?

좋은 사람들과 함께하고 있나?

원하는 일을 하며 자유롭게 살아가고 있나?

아니면, 지금 나는 행복한가?

무엇이든 스스로 만족한다면 더할 나위 없다.

# 내가 정의하는 성공한 삶의 기준은?

# 010

# 움직여야
# 비로소 내가 된다

아무것도 하지 않으면 무엇도 될 수 없다기에, 뭐라도 되려고 애쓰며 살아간다. 때로는 방향이 틀릴 수도 있고 노력에 비해 결과가 미미할 수도 있다. 하지만 가만히 머물러 있기보다 한 걸음이라도 내딛는 것이 낫다.

# 최근 나에게 찾아온 좋은 일과 나쁜 일은?

# 돈을 벌지만
# 즐겁지 않다면

통장에 잔고가 쌓일수록 걱정은 줄었지만,

행복을 느끼는 빈도도 함께 줄어들었다.

돈은 내 인생에서 얼마나 중요한가?
혹은 내 행복에 얼마나 영향을 미칠까?

# 간절히 바라면
# 닿는다

좋은 생각

좋은 마음

좋은 태도

좋은 사람


이루고 싶은 모든 것,

가질 수 없기에 더욱 애타는 것들.

영영 닿을 수 없는 꿈일지도 모르나

그래도 간절하게 소망하고 싶은 것들.

지금 가장 갖고 싶은 것,
가장 갖고 싶은 자질은 무엇인가?

# 013

# 한심하게
# 나이 들기

청춘의 기한은 언제까지일까? 30대를 청춘이라고 칭하
는 이들은 많지 않다. 나 역시 30대에 접어든 이후로 청춘
에 대해 자주 생각했다. 예전과는 다른 책임과 무게에 더
이상 어리다고 여기진 않지만, 그렇다고 예전의 순수함이
사라지는 건 아니다. 나이를 먹어도 놓치지 말아야 할 건
본연의 모습을 잃지 않는 것. 나는 언제나 지금의 철없음
을 간직한 채로 한심하게 나이 들어갈 준비가 되어 있다.

나이가 들어도 잃고 싶지 않은
나만의 철없는 순수함이 있다면?

# 몰입이 열어주는
# 뜻밖의 길

'○친놈'이라는 단어가 한때 유행처럼 번졌다. 무언가를 미친 듯이 좋아하는 사람을 뜻하는 말이다. 어느 날 TV를 보는데 한 가수가 자신을 '와친놈', 와인에 미친 사람이라고 소개했다. 그는 원래 애주가까지는 아니었지만, 와인에 빠져 소믈리에 자격증까지 따냈다고 했다.

하나에 깊이 빠져 끝까지 파고드는 집념. 그런 열정이 내게도 있었나 되묻게 된다. 좋아하는 것에만 머무르지 않고 깊이 공부해 그 분야에서 누구든 본인을 떠올리게 만드는 것. 넓고 얕은 지식도 살아가는 데 도움이 되지만,

자신이 정말 무엇을 좋아하는지 탐구하고 몰입하는 과정은 인생에 의미 있는 흔적을 남긴다. 예를 들면, 캠핑을 좋아하던 친구는 사계절 내내 방방곡곡을 다니는 과정을 영상으로 찍어 유튜브에 올렸다. 그러다가 좋았던 곳의 장점을 토대로 직접 캠핑장을 열어 사업을 시작했다. 한 운동선수는 자신의 장기를 살려 외국의 체육관에 방문해 스파링 대결하는 모습을 촬영하고, 꾸준히 영상을 올려 유튜브 구독자 수가 90만 명에 이르렀다. 결국 본인이 제일 잘하고 좋아하는 것에 파고들다 보면 인생의 다양한 길 중에 새로운 물꼬가 터질 수 있다.

남들보다 미친 듯이 좋아하는 것이 나에게도 있나? 아쉽게도 아직 푹 빠질 수 있는 무언가가 없었다. 일하느라 바빴다는 핑계가 잠시 떠올랐지만, 사실 바쁘다는 것은 변명일 뿐이다. 일에 쫓겨도 틈틈이 여행을 다니고, 그림을 그리고, 좋아하는 것을 쫓아가는 사람들은 많으니까. 반복되는 보통의 날들에서 마음을 움직이는 한 가지에 빠질 수 있다면 그게 무엇이든 상관없다.

좋아하는 마음의 크기가 어떻든 잊어버리기 전에 조금

씩 써 두어야겠다. 기록 속에서 언젠가 삶의 일부를 온전
히 바칠 수 있는 무언가를 찾을지도 모르니 말이다.

미친 듯이 좋아하는 것이 있다면?

# 행복은
# 내가 행동한 결과

김형석 철학자가 말했다. "행복은 내가 노력한 대가인 것 같다. 올바르게 선택하고 최선을 다했기 때문에 즐거울 수 있었고, 그게 곧 행복이지 않을까 한다"라고. 누군가 그에게 행복하냐고 묻는다면, "이 이상의 인생을 누릴 수 없으니 그렇다"라고 답할 거라고 했다. 그리고 이렇게 덧붙였다. 더 나이가 들어 일생을 마칠 때, 누군가에게 "행복하게 지내라"는 인사를 건넬 수 있다면 그걸로 만족한다고.

오래도록 마음에 담아두고 싶은 인사다. 남은 날들 속

에서 바라는 것은 단 하나, '그때로 돌아간다면 그 선택을 하지 않았을 텐데' 같은 못다 한 아쉬움과 못난 후회로 마지막을 맞이하지 않는 것이다. 사는 동안 즐거웠고, 최선을 다해 하루하루를 채웠다고 말할 수 있었으면 좋겠다.

마음껏 행복할 수 있었던 순간들을 흘려보내기도 했고, 원하는 대로 행동하지 못한 적도 많았다. 하지만 이제라도 알았으니 이전과는 다르게 쌓아갈 수 있으면 좋으련만. 끝까지 그렇게 살아갈 수 있을지는 자신이 없다. 그래서 틈틈이 되뇌려고 한다. 내가 왜 사는지, 마지막 인사를 어떻게 건네고 싶은지. 막막하고 공허할 때마다 되새겨보려고 한다. 유영하듯 인생을 그려가고 싶다.

# 남은 인생을 어떻게 살고 싶은가?

_____

_____

_____

_____

_____

_____

_____

_____

_____

_____

_____

_____

_____

*Time to write myself*

# 2장

# 관계를 기록하다

# 인간관계에서
# 최선을 다하는 방식

　내가 생각하는 좋은 관계는 편하고 조화롭게 어우러지는 사이이다. 갑자기 연락해서 커피 한 잔을 마시자고 했을 때 쉽게 거절할 수 있고 거절당해도 서로 무안하지 않을 정도의 편안함과, 서로 조금 달라도 이해하고 맞춰나가며 지내는 조화로움. 이를 통해 서로 긍정적인 영향을 주고받는 사이이다. 이런 관계를 만나는 건 쉽지 않다. 인간관계는 서로 다른 배경, 성격, 취향을 가진 사람들과 이루어지기에 나와 상대 모두 최선을 다할 때, 관계가 잘 유지될 수 있다.

　관계의 대부분은 직장, 학교 등 특정 환경에서 시작될 것이다. 그리고 시간이 쌓이면 유대감이 샘솟아 친한 관계가 된다. 내 곁의 가장 친밀한 관계도 그렇게 이뤄졌다. 나는 소중한 인연이 된 두 친구를 한 방송 프로그램을 통해 만났다. 사실 제작진과 출연진의 사이가 깊어지기는 쉽지 않다. 프로그램을 함께하는 동안에는 자주 교류하지만 일이 끝나고도 관계가 이어지는 건 흔치 않다. 그런데 우리는 프로그램이 끝난 후 더 가까워졌다. 나이도, 입맛도, 음악 취향도 천차만별이었지만 친밀해진 이유는 묘하게도 조화롭기 때문이었다.

유쾌하게 분위기를 이끌고 활력을 불어넣는 사람, 중요한 순간에 중심을 잡아주는 어른스러운 사람, 그 사이에서 감정적으로 여유 있는 태도로 묵묵히 관계의 균형을 이루는 사람까지. 각자 성향이나 역할은 다르지만 서로의 빈자리를 자연스럽게 메워주었다. 이렇게 서로의 다름을 인정하고 조화롭게 맞춰 나가면, 일적인 관계를 넘어 더욱 견고한 관계가 될 수 있다.

물론 좋은 관계라 해도 삐걱거림은 피할 수 없다. 그러나 이런 순간들을 회피하지 않고 유연하게 마주하면 관계를 깊게 만들 기회가 되기도 한다. 갈등을 해결하려는 노력과 서로를 이해하려는 대화를 통해서 신뢰가 두터워질 수 있으니까. 세상에 완벽한 관계는 없다. 완벽하지 않기에 서로 배려하는 태도가 필요하다고 하는 것이다.

각자의 빈틈을 채우고 함께 나아가는 관계는 일상을 잘 살아가게 하는 원동력이 된다. 힘든 일이 있으면 모두 제쳐두고 달려갈 수 있는 믿음직한 존재, 질투와 시기가 난무하는 세상에서 서로의 성공을 진정으로 축하하고 응원하는 사이, 함께하면 웃음이 끊이지 않고 위로가 필요할 때 가장 먼저 떠오르는 이름. 이런 관계가 인생을 좀 더 따뜻하게 만들어주는 건 아닐까 싶다.

어릴 때는 보통 친구가 많은 걸 인기의 척도로 여기기도 한다. 나도 일부러 다양한 사람들을 만나고, 여러 모임을 기웃거리며 관계를 넓히려 노력했다. 휴대폰 연락처에 이름이 쌓여갈수록 '나, 꽤 잘 살고 있구나' 싶었다. 하지만 살아 보니 그렇게 쌓아둔 인맥이 전부는 아니었다. 마음이 맞는 한두 사람만 있어도 충분히 살아갈 만했다.

나이를 먹을수록 인간관계가 정리된다고들 이야기한다. 그게 이상하게 싫지 않다. 오히려 진짜 좋은 사람들만 남아

내 곁을 지켜주는 것 같아서 마음이 편안하다. 어떤 관계를 더 챙겨야 하고, 누구에게 마음을 더 써야 하는지 명확히 알 수 있는 기준도 생긴다. 흔히 위기의 순간에 진짜 친구가 가려진다고 하지 않던가. 나 역시 결정적인 순간마다 자연스레 관계가 정리되곤 했다. 그 속에서 남은 이들이 내게 가장 소중한 사람들임을 깨달았다.

때로는 두렵기도 하다. 언젠가 내 곁에 아무도 남지 않으면 어떡하지? 홀로 남겨져 외로움에 고립되지 않을까 조바심도 생긴다. 하지만 지금까지 살아오며 배운 한 가지는 주변에 얼마나 많은 사람이 있느냐가 아니라 관계의 깊이가 더 의미 있다는 사실이다. 가벼운 인연에 그치지 않고 진솔하게 마음을 터놓는 것. 삶이 무르익는 건 함께 웃고 울 수 있는 사람 덕분이다.

많은 사람들 속에서 나의 존재감을 확인하려 애쓰던 시절도 있었지만, 지금은 단 한 사람이라도 진심을 나눌 수 있다면 그것으로 만족한다. 숫자가 아니라 마음을 나누는 깊이로 살아갈 때, 그 깊이가 세월이 지나도 흔들리지 않는 단단한 관계를 만들어 준다.

이번 장은 인간관계에 대해 돌아보는 시간이다. 나는 누군가에게 진심 어린 사람이 되어줄 수 있는지, 또 내게 그런 존재가 있는지 천천히 써 내려가 보자.

# 016

# 돈독한 사이를
# 만드는 한마디

"넌 그동안 잘해왔잖아. 앞으로도 당연히 그럴 거야."

가볍게 던진 말이었다. 그런데 친구는 그 한마디가 오랫동안 위안이 되었다고 했다. 이처럼 관계를 결정짓는 건 우리가 무심코 주고받은 말일 수도 있다. 한마디로도 누군가에겐 큰 용기가 될 수 있기 때문이다.

그래서 요즘은 더 온화하고 상냥하게, 부드럽게 진심을 전하려 한다. 말 한마디가 상대에게 어떤 힘이 될지 생각해보면, 자연스럽게 관계도 가까워질 수 있다. 그렇기에 좋은 말을 나누는 것이 곧 좋은 인연의 시작이 된다.

오래 기억에 남는 누군가의 한마디가 있다면?
그 말이 어떤 영향을 주었는가?

# 오래 가는 사이의
# 비밀

가까울수록 어려움이 필요한 법이다. 그래야 관계가 오래 지속된다. 가장 아끼는 사람에게 오히려 무심하거나 무례하게 대하지 않았는지 돌아보게 된다. 혹시 편하다는 이유로 당연하게 여기거나, 선을 넘진 않았는지.

그래서 좋아하는 사람을 오래 보고 싶다면 약간의 불편함이 필요하다. 그 불편함이란 서로를 배려하며 지키는 선이고, 가까움 속에서도 놓치지 않는 존중이다. 서로에게 적당한 긴장감이 있을 때, 그 속에는 이해와 신뢰가 동반된다.

가까운 이들에게도
차마 꺼내기 어려웠던 나의 비밀은?

# 018

# 웃게 되는 사람의
# 곁에 있을 것

누구나 건강한 관계를 만들고 싶어 한다. 나는 이런 관계의 힌트를 웃음에서 얻는다. 실없는 농담에도 자지러지게 웃을 수 있다는 것은 그만큼 편안하다는 증거다. 행여 걱정거리가 있어도 긍정적인 기운을 주는 사람이 곁에 있기 때문에 잠시나마 내려놓을 수 있다.

사람은 함께하는 존재에 따라 달라진다. 그래서 마음을 가볍게 만들어주는 사람, 삶에 온기를 더해주는 사람 곁에 머물러야 한다.

# 사람과의 관계에서
## 내가 소중히 여기는 것은?

# 아낄수록
# 표현하세요

밥 먹을 때 상대의 숟가락에 반찬을 얹어 주는 걸 좋아
한다.

이만큼이나 당신을 아낀다는
나의 작은 표현법.

# 아끼는 사람에게 마음을 전하는 나만의 표현법은?

# 일 vs 관계

일을 잘하는 것만큼이나 사람들과의 관계 맺음이 얼마나 중요한지 아는가. 미안할 땐 미안하다고, 고마울 땐 고맙다고 담백하게 표현하는 것. 그게 삶의 지혜다.

한번 끝났다고 여긴 관계라도 언제 어디서든 다시 이어질 수 있다. 그러니 마지막까지 신중해야 한다. 모든 관계는 예상치 못할 때 다시 마주하게 될 수도 있으니까.

# 주변 사람들에게 나는 어떤 사람일까?

# 021

# 관계의 과소비 관리법

한정판 운동화를 모으거나, 다이어리를 꾸미기 위해 필기구를 쟁이거나, 할인 기간에 마구 쇼핑한 옷들. 우리는 보통 이런 물건들에 대해 과소비라는 표현을 붙인다.

인간관계에서도 과소비는 존재한다. 휴대폰에 저장된 번호는 늘어가는데 막상 가장 가까운 사람 다섯 명을 떠올려 보라고 하면 쉽게 생각나지 않는다. 많은 사람과 교류하고 있지만 정작 진심으로 챙겨야 할 사람은 놓치고 있던 게 아닐까. 그런 고민이 떠오를 즈음, 혜안이 깊은 어느 지인의 SNS 글이 생각났다.

몇 년째 연락하지 않은 번호들로 가득한 휴대폰을 새로 교체할 때, 선택지는 두 가지다. 연락처를 모두 삭제하고 이후 통화할 때마다 필요한 번호를 새로 저장하는 것. 혹은 모든 데이터를 옮긴 후 하나씩 친분의 깊이를 따져 번호를 정리하는 것. 하지만 첫 번째 방법에는 부작용도 따른다.

1. 한동안 받지 않아야 할 전화도 받게 된다.
2. "너, 내 번호 지웠어?"라는 질문에 당황하게 될 수도 있다.

물건과 인간관계는 비슷하다. 결국 어떤 선택을 하든 내게 진정으로 필요한 것이 무엇인지를 묻는 일이다. 익숙하다는 이유로 붙잡고 있던 것들이, 실은 내 삶을 무겁게 만들고 있었던 건 아닐지 깨달아가는 것. 중요한 것들만 남기고 나머지를 과감히 정리할 용기가 필요하다.

삶의 진정한 정리는 단지 물질적인 소유를 줄이는 데서 끝나지 않는다. 마음속의 불필요한 관계와 부담을 덜어내

고 그로 인해 진짜 귀중한 것들에 더 애정을 쏟을 때 비로
소 정돈된다.

불필요한 관계라도
유지할 것인가, 정리할 것인가?

# 022

# 단정 지으면
# 놓칠 수도 있다

'천천히, 천천히.'

성격이 급한 편이라 항상 속으로 되뇌는 주문. 뭐든지 속전속결로 처리하는 걸 좋아하는데, 이게 인간관계에도 작용한다. 하지만 한 사람을 알아가는 건 한 권의 책을 읽는 것과 같다고 한다. 맞다. 한 번의 만남으로 그 사람을 파악한다는 건 말이 안 되지 않는가. 몇 시간 대화로 상대를 단정 짓고, 성향이 맞지 않을 거라 결정해 버리는 조급함이 편협한 인간관계를 만들고 있는 건 아니었을까 반성한다. 모르는 사이 귀중한 사람들을 수없이 놓쳐버렸다.

조금 더 가까워질 수 있었을 텐데 싶은
아쉬움이 남는 관계가 있는가?

# 미워하는 마음
# 다스리기

사람을 미워하는 일이 나를 갉아먹었다. 상대는 알지도 못할 텐데, 그의 단점을 찾아낼수록 오히려 괴로워졌다. 기를 쓰고 비난할수록 부정적인 감정에 사로잡혔고, 그 미움이 나를 어두운 곳으로 밀어 넣고 있었다.

그래서 결심했다. 미워하는 데 에너지를 낭비하기보다 차라리 사랑해 버리기로. 적을 만들기보다 관계를 풀어가는 쪽을 택했다. 미움 대신 사랑을, 비난 대신 이해를 택하는 것이 나를 위한 길이라는 걸 이제는 아니까.

미워하는 감정을 긍정적인 방향으로 바꾸기 위해
할 수 있는 작은 실천이 있다면?

# 024

# 거리감이 주는
# 편안함

일 년에 한두 번 연락할까 싶은 관계가 있다. 자주 만나진 않지만 여전히 마음 한구석에 남아 있는 사람이다. 계절이 바뀔 때마다 전화해 "살아 있지? 그럼 됐다" 한마디를 하고 끊어도 서로의 애정을 알아차린다.

가까운 관계일수록 자주 연락해야 한다고 생각하지만, 때때로 적당한 거리감이 관계를 두텁게 만든다. 오히려 무소식이 희소식이 되어, 한 번의 대화가 더 깊어지기도 한다. 결국 관계의 핵심은 '얼마나 자주 보느냐'가 아니라 '얼마나 오래 마음에 남느냐' 아닐까.

좋은 관계를 위해서는
자주 만나는 것이 필수적일까?

# 한때 우리였던 시간을
# 기억하는 방식

당신과의 관계가 과거형이 되었다. 그렇게 인생의 한 챕터가 끝났다. 함께 걸었던 길, 함께 들었던 노래, 남겨진 사진들. 그 추억들은 일부러 지우지 않았다. 내 삶의 중요한 한 페이지였으니까. 같이 보낸 시간 동안 진심이었고 잠시나마 서로의 이야기에 머물렀다면 그걸로 되었다.

더는 나의 사람이 아닐지라도, 당신이 행복하기를 진심으로 바란다. 꼭 그랬으면 좋겠다. 마땅히 그럴 자격이 있는 아름다운 사람이기 때문에. 나는 언제나 당신의 행복을 빌 것이다.

여전히 마음에 남은 사람이 있다면?
그 사람의 가장 기억에 남는 점은?

# 026

# 사랑의
# 실체

　사랑을 눈으로 볼 수 있다면 어떤 모습일까. 그 형태를 확인할 수는 없지만 말보다 행동에서 사랑의 모습이 드러나기도 한다. 먼저 들어갈 수 있도록 문을 잡아준다든지, 관심 없는 주제를 이야기해도 맞장구를 쳐 준다든지, 치킨을 먹을 때 가장 좋아하는 닭다리를 가족에게 늘 양보한다든지, 함께 길을 걷다가 차가 오면 안쪽으로 슬쩍 자리를 내어준다든지.

　백 마디 말보다 한 번의 행동이 이해와 배려를 설명한다. 그것이 사랑의 또 다른 모습일지도 모른다.

다른 사람을 위해 내가 배려할 수 있는 행동은?

# 가족에게
# 가혹해지지 않기

　다른 사람들에게는 한없이 좋은 사람이 되고 싶으면서도, 정작 가까운 가족에게는 매정해지곤 했다. 제일 사랑하는 사람들에게 상처를 줄 때마다 자책하게 된다. 그러려던 게 아니었는데, 쓸데없이 내 속의 불편함을 그들에게 쏟아낸 건 아닌지 되돌아보게 된다.

　사랑의 무게를 아는 염치 있는 사람이고 싶다.

# 가족에게 냉정하거나 무심하게 대했을 때 나의 마음은?

# 028

# 침묵하지 않는 연습

묻고 싶었다. 당신의 행동이 얼마나 경솔했는지, 그리고 그걸 알고 있는지. 왜 사과보다 변명을 택했는지, 왜 타인의 마음을 헤아리지 못했는지 묻고 싶었다. 세상의 모든 존재가 귀하다는 것을, 자신만큼 남의 삶도 소중하다는 걸 이해해 주길 바랐다.

무례함에 맞서기 위해 똑같이 날을 세울 필요는 없다. 하지만 부당한 상황에서 침묵하지 않고 나의 가치를 잃지 않는 방식으로 목소리를 내기로 했다. 나를 지키면서도 후회 없는 자세를 가지려 한다.

무례한 상황을 참았던 적이 있다면?
비슷한 일을 또 겪을 때 나는 어떻게 할 수 있을까?

# 지나간 인연이
# 알려주는 것들

029

다 큰 어른이라 착각했던 20대. 돌아보면 부끄럽고 철이 없었지만, 그때 만난 인연들이 지금의 나를 만든 자양분이었다.

표현하는 법을 몰랐던 나에게 누군가는 끊임없이 자신을 열어 보여주며 진심을 가르쳐 주었고, 혼자만의 감정에 익숙했던 나에게, 누군가는 어깨를 내어주며 마음을 어루만져주었다. 행복을 모르던 나에게 지금 느끼는 따스함이 바로 그것이라 알려주었고, 영원을 믿지 않았던 나에게 우정으로 지속될 수 있는 변함없는 사이가 있음을 보여주었다.

서로의 꿈을 공유하며 밤새 이야기했던 친구가 있었다. 편의점에서 컵라면 하나를 나눠 먹으며 사소한 농담에 웃고, 때로는 진지하게 미래를 걱정해 주던 시절. [당신은 나의 목소리를 듣게 될 것입니다]라고 직접 쓴 명함을 내밀며 나는 아나운서가 되고 싶다고 말했다. 친구는 남자가 화장하는 것이 생소했던 때, 사람들의 시선에 개의치 않고 매일 화장을 했다. 이후 뷰티 블로거로 자리 잡으면서 자신의 이름을 건 브랜드를 만들겠다고 선언했다. 현실적인 장벽에 흔들리면서도 우리는 서로의 꿈을 응원했다.

우리가 바란 일들이 실제로 이루어질 거라 장담할 수 없었다. 비웃는 사람도 있었고, 형식적인 격려여도 잘될 거라고 말해주는 이들도 있었다. 하지만 나는 분명 만나게 될 미래라고 확신했다. 그렇게 1~2년 넘게 각자의 꿈에 집중하다 보니 연락이 뜸해졌고, 자연스럽게 멀어졌다. 그래도 잘 지내고 있으리라 생각하며 가끔 안부를 궁금해했다. 그러던 어느 날, 나는 아나운서가 되어 TV에

나왔고, 해외에서 주목받는 화장품 브랜드의 대표가 된 친구가 그 모습을 보고 먼저 연락을 해왔다. 어린 시절 나누던 이야기들이 현실이 된 순간이었다. 몇 년 만에 마주한 얼굴이었지만 전혀 어색하지 않았고, 천진난만하던 과거로 돌아가니 추억할 거리가 넘쳐났다.

그때는 몰랐다. 내 곁에 머물던 사람들이 얼마나 귀한 존재였는지를. 늦은 밤까지 함께 웃으며 나눈 대화, 힘든 날 아무 말 없이 곁을 지켜주던 정성, 사소한 일에도 진심으로 기뻐해 주던 모습들. 시간이 흘러 많은 것이 변했지만, 함께했던 순수한 마음은 한결같았다. 부족했던 나를 이해하고 함께 걸어준 인연들이 그저 고마울 뿐이다.

학창 시절이나 사회 초년생 시절에 만난 인연 속에서
무엇을 배웠는가?

# 030

# 관계가 발전되지
# 못하는 이유

대부분의 관계에서 인연이 깊어지지 않는 이유는 간단하다. 단순히 끌리지 않는 것뿐이다. 사실 이미 알고 있다. 잠은 잘 잤는지, 밥은 제때 챙겨 먹고 있는지, 퇴근 후에는 뭘 하는지 궁금하지 않은 이유는 하나다. 당신은 상대에게 관심이 없다.

그럼에도 우리는 그럴싸한 이유를 찾아낸다. 너무 바빠서, 심적으로 여유가 없어서라는 말들로 회피한다. 하지만 핑계가 무슨 의미가 있을까. 마음 앞에 솔직해지는 것, 그것이 풀리지 않는 문제를 푸는 가장 빠른 방법이다.

형식적으로 유지하는 관계가 있는가?

어떻게 개선하면 좋을까?

# 눈치 보는 나,
# 배려하는 나

    지나치게 남을 배려하다가 스스로 지치는 순간이 있다. 눈치를 많이 보는 건지, 착한 사람이 되고 싶은 건지 나조차도 헷갈린다. 간단한 부탁 하나를 하면서도 머릿속에서 여러 번 시뮬레이션을 돌린다. "이 물건을 전달해 달라"고 말할 건데, 혹시 상대가 자기 선물이라고 오해하지 않을까? 먼저 말을 꺼내고 그다음에 쇼핑백에서 물건을 꺼내야 할까? 결론은 간단한데 사소한 상황을 며칠씩 고민했다.

    말 한마디, 행동 하나에도 지나치게 신경을 쓰는 게 피곤할 때도 있지만 이런 고민에는 나름의 이유가 있다. 과거에 같은 경험을 했기 때문이다. 무언가를 주는 줄 알고 잠깐 기대했다가 실망했던 게 부끄러워, 이후엔 다른 사람도 같은 기분을 느끼지 않기를 바랐다.

친구에게 사소한 부탁조차 쉽게 하지 못한다. 바쁘진 않을까, 괜히 성가시게 하는 건 아닐까 고민하다가 혼자 해결해 버리는 경우가 많았다. 내가 어렵게 느끼는 일은 분명 상대에게도 부담이 될 거라는 생각 때문이었다. 하지만 어느 날 망설임 끝에 어렵게 말을 꺼냈을 때, 친구는 별일 아니라는 듯 흔쾌히 도와주었다. 내가 배려한다고 생각했던 것이 어쩌면 필요 이상의 걱정이었을 수 있다는 것을 그때 깨달았다.

그렇다고 해서 타인에 대한 존중을 완전히 내려놓을 수는 없는 일이다. 인간관계는 서로에게 마음을 쓰며 균형을 맞추는 과정이다. 내가 조금 더 주의를 기울이면 상대가 한결 여유로워질 수도 있다. 감정을 주고받는 일에는 정답이 없고, 관계 역시 단순한 계산으로만 이루어지지 않는다. 이것 또한 내 방식대로 관계를 지켜 나가는 방법

이다. 적어도 내가 건네는 말과 행동이 누군가에게 소소
한 다정함으로 남길 바라며, 오늘도 즐거운 눈치를 본다.

타인의 눈치를 본 적이 있다면
그때의 나는 왜 그랬을까?

# 궁금한 사람이
# 생기는 행운

나이가 들수록 세상에 대한 호기심이 희미해지는 듯하다. 반복되는 날들 속에서 가슴 뛰는 설렘을 느껴본 지 오래다. 그런데 그런 내게 우연히 궁금한 사람이 생겼다. 오랜만에 찾아온 떨림에 어떻게 마음을 써야 할지 몰라 한참을 헤맸다.

그럼에도 단조로운 일상에 불쑥 찾아온 낯선 존재는 내가 여전히 살아 있음을 느끼게 해주었다. 어쩌면 삶의 활력이란 뜻밖의 자극에서 오는 게 아닐까. 예기치 못한 두근거림이 멈춰 있던 일상을 흔들어 놓았다.

누군가와의 관계에서 새로운 호기심이
다시 피어났던 순간이 있었다면?

# 3장

# 내면의 온기를 채우는 연습

# 몸과 마음을 회복하는 기록의 힘

펜데믹 이후, 겨울만 되면 어김없이 찾아오는 기침이 나를 괴롭혔다. 평상시에는 괜찮다가도 찬 바람이 불기 시작하는 12월이 되면 증상이 심해졌다. 끝없이 반복되는 탓에 '평생 이렇게 살아야 하는 걸까' 하는 불안이 커졌다.

매번 겪게 되는 상황을 견디기 어려워 치료를 잘한다는 병원을 찾았다. 소문난 곳답게 대기실은 꽉 차 있었다. 오랜 기다림 끝에 의사 선생님을 만나서 그동안의 불편함과 걱정을 쏟아내자, "이건 기관지 리모델링 현상입니다"라고 설명했다. 코로나로 인해 기관지가 큰 자극을 받으면서 생긴 증상인데, 원래 상태로 돌아가려면 시간이 걸린다는 것이다. 이제 병명은 알았으니 치료가 관건이었다.

"그럼, 지금 당장 어떻게 해야 할까요? 어떤 처방을 주실 수 있나요?" 언이어 질문을 쏟아내자 의외의 대답이 돌아왔다. "제가 드릴 수 있는 건 안심입니다. 원하시면 약을 처방해 드릴 수도 있지만, 그건 일시적인 효과라서요. 지금은 기침 때문에 힘들어도 분명 나아질 겁니다. 그러니 조금만 더 기다려 보세요."

처방전 대신 '시간이 약'이라는 말을 받았다. 처음엔 당황스러웠지만, 큰 병이 아니라는 안도감과 언젠가는 나아질 거라는 믿음이 생겼다. 그래서인지 여러 곳의 병원에 다녀도 좀처럼 나아지지 않던 기침이었는데, 선생님의 말씀을 듣고 나니 불안감이 조금씩 가벼워지는 것을 느꼈다. 놀랍게도 기침은 점차 잦아들었다.

모든 건 마음 먹기에 달려 있다. 의사 선생님의 진단이 정확했을 수도, 아니었을 수도 있다. 하지만 내 몸과 마음을 낫게 한 건 약도, 치료 기계도 아니었다. 따뜻한 말 한마디와 믿음직한 미소가 무엇보다 강력한 처방이었다.

말하는 일을 하다 보니 늘 말의 무게를 실감하며 산다. 마음을 어루만질 수 있는 가장 강력한 무기. 그래서 말의 힘을 어디에 어떻게 사용할지 더욱 신중하게 고민한다.

이번 장은 그런 숙고의 결과물이다. 나를 살렸던 말의 온기를 모두에게 건네고 싶다. 마음이 소란스러울 때마다, 평온함이 필요한 순간마다 이 글을 펼쳐보았으면 좋겠다. 그리고 내면의 방황을 겪고 있다면 이 공간에 모두 써 내려가면 좋겠다.

내면을 글자로 남긴다는 건 우리의 감정, 생각, 두려움을 마주하고 그것을 돌보는 것과 같다. 자신의 감정을 쌓아가다 보면 불안이 아닌 확신이 자리 잡게 될 것이다. 그리고 지금의 고민이 '그땐 그랬지'라고 이야기할 수 있는 날이 올 것이다. 스스로에게 위안의 말을 건네보자. 당신에게도 시간이 약이 되어주는 날이 오기를 바란다.

# 033

# 사소한 추진력이 만드는
# 상쾌함

아침 일찍 운동을 마치고 나면 하루를 두 번 사는 것 같다는 말이 어떤 뜻인지 조금은 알 것 같다. 부지런하게 열심히 살고 있다는 기분이다. 운동은 단순히 몸을 단련하는 것이 아니다. 새로운 리듬을 만들고 하루를 내 뜻대로 이룰 수 있다는 자신감이 생기게 한다.

이제껏 운동을 등한시했지만 해보고 나니 또 다르다. 우선 한 달만 해보자고 목표를 삼았는데 이번 변화를 시작으로 삶의 다른 부분도 조금씩 바뀔 수 있지 않을까? 중요한 건 완벽한 계획보다 일단 시작해 보는 추진력이다.

# 일상의 작은 변화를 위해 추진해 보고 싶은 일이 있다면?

# 034

## 슬픔을
## 밀어내지 마

　슬픔을 마주할 땐 아무렇지 않은 척 버티는 것이 아니라 울고 싶을 땐 울고, 소리치고 싶을 땐 소리치며 내 감정을 있는 그대로 받아들여야 한다. 그렇다고 해서 무작정 아파하지만 말고, 마음을 돌보며 충분한 시간을 들여 다독이는 것이 회복의 시작이다. 슬픔은 외면할 대상이 아니라, 차분히 지나가도록 허락하는 감정이다. 감정을 억지로 밀어내기보다 자연스럽게 흐르게 둘 때 사람은 더 성숙해진다.

주체할 수 없이 슬펐던 일이 있었다면?
슬픔 앞에서 나는 어땠는가?

# 035

# 노력과
# 집착 사이

억지로 붙잡아도 뜻대로 되지 않는 일이 있다. 머리로는 이미 알고 있지만 여전히 미련이 남는 것이 바로 그것이다. 애쓰는 게 무의미한 것이 아니라, 방향 없이 애쓰는 것이 문제다. 중요한 건 풀리지 않는 이유를 직시하고 불필요한 소모를 줄이는 것이다.

어떻게든 내 힘으로 해내야 한다는 부담감을 내려놓고 한 걸음 물러서면 비로소 해결책이 보인다. 끝까지 붙잡을 가치가 있는지, 다른 기회를 위해 놓아야 할지를 아는 것도 필요하다. 냉철한 판단이 결국, 삶의 방향을 결정한다.

내 힘만으로 해결하려는 부담을 내려놓았을 때,
오히려 잘 풀렸던 적이 있다면?

# 평정심이 주는 힘

감정에 일희일비하지 않는 연습을 해야 한다. 예상치 못한 상황에서도 평정심을 잃지 않는 힘이 필요하다고 느낀다. 이미 엎질러진 건 엎질러진 대로 남기고, 흘러갈 것은 흘러가게 내버려 두려고 한다. 감정이 요동칠수록 본질을 놓치기 쉽다는 걸 여러 번 체득했다. 초조함에 휩싸여도 돌이켜 보면 막상 아무 일도 일어나지 않았다. 핵심은 언제나 상황을 바라보는 나의 태도였다.

그때는 초조했지만 지나고 보니
별일 아니었던 순간이 있었는가?

# 037

# 지금의 걱정은
# 결국 과거가 된다

그런 날이 있다. 나만 힘든 것 같은 날, 밥 먹을 시간조차 없이 바쁜 날, 아무리 애써도 갈피를 잡을 수 없는 날. 모든 게 뜻대로 되지 않는 날처럼 느껴지지만 그런 감정조차 한때일 뿐이다. 과분하게 사랑받는 순간도, 외로움에 사무치는 시간도, 풀리지 않을 것 같던 문제도 모두 지나간다. 지금 당신이 붙잡고 있는 걱정 또한 과거의 한 페이지가 될 것이다. 마냥 주저앉아 있을 이유는 없다. 모든 일에는 끝이 있다.

지금 나를 불안하게 만드는 두려움이 있다면,
두려움을 키우는 요소는 무엇일까?

# 038

## 외로움과
## 직면하기


어차피 인생은 혼자다. 아무리 힘듦을 털어놓고 고민을 나눈다 해도 외로움이 쉽게 가시지 않는다. 해답은 내 안에 있고 나만이 풀어낼 수 있다. 외로움은 어쩌면 자신을 담담하게 마주해야 한다는 신호일지도 모른다.

나를 외롭게 만드는 것은 무엇인가?
그리고 외로움을 마주하는 나의 자세는 어떠한가?

_____

_____

_____

_____

_____

_____

_____

_____

_____

_____

_____

_____

_____

_____

# 039

# 내 마음을
# 나도 모른다면

책을 읽을 때 인상 깊은 문장에 밑줄을 긋거나 책 모서리 귀퉁이를 접어놓는다. 재밌는 책이면 여러 번 읽는데 처음 읽을 때와 두 번째 읽을 때 각각 다른 색깔의 형광펜으로 글귀를 칠해두곤 한다. 그때그때 눈에 들어오는 문장이 달라서 나중에 다시 펼쳐 보면 그날의 심리가 어땠는지 알 수 있다. '이때는 외로웠구나, 이때는 이랬나 보네.' 때로는 왜 여기에 밑줄을 쳐놨을지 의아한 문장도 있다. 그만큼 수시로 변하는 게 마음이라 이렇게 지나간 내 생각을 되짚어보는 게 즐겁다.

그중 손에 꼽을 만큼 좋았던 책이 있다. 아나운서 선배인 손미나 작가의《내가 가는 길이 꽃길이다》라는 에세이다. 제목만 보고 무심코 산 책이었는데, 인생의 전환점이 되었다. 그때의 나는 내일이 궁금하지 않을 만큼 지쳐 있었다. 마치 버튼을 누르면 전원이 꺼지는 것처럼, 시간도 멈출 수 있으면 좋겠다고 생각할 정도로 외롭고 힘든 날들이었다. 더는 안 되겠다는 생각에 무작정 여행을 떠나기로 했고, 이륙하는 비행기 안에서 책을 읽으며 퇴사를 결심했다.

멈출 수 없는 흐름 속에서 누구나 지치는 날들을 견디며 살아간다. 하지만 멈췄던 화면이 다시 켜지듯, 잿빛으로 가득했던 마음도 언젠가는 빛을 되찾을 날이 올 거라는 희망을 느꼈다. 그 책은 내게 그런 다정한 위로를 건넸다. 앞으로의 날들이 꽃길일지, 가시밭길일지는 알 수 없어도, 주체적으로 나의 일을 결정했다는 것만으로도 충분했다.

책장을 넘기며 남겼던 밑줄을 다시 들여다볼 때마다 무엇을 고민했고, 어떤 위로를 찾고 있었는지 보인다. 절실

했던 한 문장, 한 문장이 오늘까지 이어져 있다. 책에 밑줄을 긋는 건 나만 하는 게 아닐 테니, 주변의 누군가가 책을 추천해 주면 새 책을 사기보다 그 사람이 읽던 책을 빌려 달라고 한다. 줄거리뿐만 아니라 그 사람이 어떤 문장에 끌렸는지 궁금해서다. 책의 밑줄은 생각의 미련이고, 마음의 결이 스며 있는 곳이다. 어떤 문장에서 오래 머물렀는지, 무엇이 마음을 움직였는지를 따라가다 보면 그 사람의 속마음도 자연스레 보인다.

당신은 이 책에서 어떤 문장에 밑줄을 그었는가.

책, 칼럼, SNS 등 관계없이 최근에 읽은 글 중에서
밑줄을 친 문장이 있다면 써 보자.

# 040

# 놀아본 사람이
# 놀 줄 안다

자고 일어나면 내일은 또 뭐 하고 놀까?

아무 걱정 없던 어린 시절.

지금은 날을 잡아 놀러 가려 해도

차가 막히고, 다음 날 피곤할 걸 계산해 보다가

결국 "그냥 다음에 가자." 말한다.

돈도 벌고 시간도 있지만

이상하게 굳세게 마음먹어야 가능한 일이 되었다.

원 없이 놀아본 때가 언제였나 싶다.

지금 당장 휴식이 주어진다면 해보고 싶은 일은?

# 꽃길이 아닌
# 자갈밭을 걷더라도

내딛는 걸음마다 꽃길이 펼쳐지기를.

그곳이 행여나 자갈밭이더라도 지혜롭게 헤쳐나갈 힘이 있기를.

자갈밭을 일구는 듯 막막할 때,
나에게 해주고 싶은 말.

# 찰나를 즐겁다고 느끼기

테라스에 앉아 책을 한 권 읽었다. 날씨도 좋고 바람도 솔솔 부는데 왜 이렇게 행복할까? 막연하게만 느껴졌던 행복이 별거 아닌 것에서 온다는 것을 그때 체감했다. 특별한 모습이 아니라 기분 좋은 상태가 내내 이어지는 하루가 인생의 즐거움이 아닐까 싶다. 매일 이런 장면을 자주 만들어야겠다.

나에게 '좋은 하루'란 어떤 요소가 모였을 때 완성될까?

# 043

# 쓰는 순간,
# 무엇이든 될 수 있다

삶에 대해 몇 자 적는다고 해서 실제로 그렇게 살아지는 건 아니다. 하지만 노트 위에서 나는 무엇이든 될 수 있다. 현실에서 쉽게 내뱉지 못한 말들, 닿지 못했던 마음을 글로 적는다. 나조차 인정하기 어려웠던 감정들도 글을 통해 비로소 제자리를 찾는다.

오늘의 나는 어제의 기록에서 배우고, 내일의 나는 오늘 남긴 문장으로 성장한다. 그것이 내가 게으름 피우지 않고 꾸준하게 기록을 하는 이유다. 글을 통해 돌아보고, 감정을 정리하며, 내일을 위한 길을 찾기 위해.

글로 남기고 싶은 일이나 속마음이 있다면?

# 행복하다고
# 들뜨지 말 것

좋은 일 뒤에는 이상하게도 불행이 따라왔다. 마치 시샘이라도 하듯, 한껏 기뻐할 틈조차 주지 않았다. 그래서 다짐했다. 행복에 들뜨지 않고, 불행에 휘둘리지 않기로.

행복이 오래 머물기를 바라며 세게 움켜쥐려 할수록 불안이 찾아왔고, 불행이 스쳐 지나갈 때마다 지나치게 의미를 부여하면 더 깊이 머물렀다. 좋은 일이든 나쁜 일이든 지나가는 한순간일 뿐이다. 그러니 요란하게 반응하지 않기로 한다. 행복을 가벼이 여기지 않되, 불행에도 무게를 두지 않는 것이다.

행복이 찾아왔을 때 충분히 만끽하는가?
아니면 불안함이 먼저 떠오르는가?

# 045

## 무던해지자는
## 마인드컨트롤

세월은 그냥 흐르지 않는다. 아무것도 이뤄낸 것 같지 않아도 걱정할 필요 없다. 지금까지 보낸 시간 속 헛된 순간은 단 하루도 없었다. 기쁨이든 슬픔이든, 성공이든 실패든 모든 경험이 삶을 풍성하게 만들어주었다.

어제보다 오늘 더 나아지고 있다. 때로는 시련 앞에 멈춰서지만, 내 방식대로 살아가고 있다. 단지 내게 너무 많은 부담을 주지 않기로, 주어진 문제를 너무 어렵게 여기지 않으려고 한다. 무던한 마음으로 인생을 단단하게 쌓아간다.

## 나에게 영향을 준 가장 의미 있는 실패는?

# 046

# 마음의 실타래를
# 푸는 법

머릿속이 복잡해질 때 수행하는 것. 바로 옷장 안의 모든 물건을 꺼내 정리한다. 사부작사부작 손을 움직이는 동안 어지러운 생각도 차츰 가라앉는다.

해결되지 않는 문제들이 머릿속을 떠돌 때, 밤이 깊어질수록 고민이 선명해지고 생각이 얽혀 잠 못 드는 순간이 올 때, 산더미처럼 쌓인 옷을 하나하나 접다 보면 혼란스러운 속도 조금은 가벼워지지 않을까. 단순한 반복 속에서 나도 천천히 제자리를 찾아갈 것이다. 오늘도 옷장 문을 열어야겠다.

# 복잡한 생각을 정리하기 위해
## 내가 하는 행동은?

# 047

# 아무렇지 않은 척

나는 의외의 인물을 만날 때면 마음의 형광등이 켜진
다. 부드럽고 상냥한 인상인데 어딘가 묵직한 무게감을
품고 있는 사람처럼 생각지도 못한 모습을 발견할 때 그
렇다. 그런 사람과 대화를 하면 어김없이 여유와 강인함
이 느껴진다. 분명 성격 때문만이 아니라, 오랜 시간 부단
히 다듬으며 쌓아온 자신감과 자존감에서 비롯된 모습일
것이다. 모두에게 열려 있는 듯하면서도, 자신만의 선을
명확히 가지고 있다. 허허실실 웃는 듯 보이지만 속은 절
대 가볍지 않다. 살다 보면 알게 된다. 무례한 사람을 만나

도 아무 일 아니라는 듯 넘길 수 있는 너그러움은 쉽게 터득할 수 있는 것이 아니라는 것을. 내가 만난 그 사람도 딱 그랬다. 어느 환경에서든 자신을 둘러싼 어떠한 말들에 흔들리지 않았다. 알지도 못하는 사람들이 내뱉는 얕은 말들에도 눈 하나 깜짝하지 않았다.

동트기 전이 가장 어두운 것처럼, 인생의 가장 빛나는 순간은 깊은 어둠에서부터 찾아온다. 내가 칠흑 같은 터널의 한가운데 서 있을 때 그가 말했다.

"나와 닮은 구석이 많네. 생각보다 훨씬 단단한 사람 같아."

그 말이 나를 붙잡았다. 자신에 대한 믿음조차 흔들리던 때에, 누군가가 내 우직함을 알아봐 주는 것만으로도 다시 한 걸음을 내디딜 수 있었다. 끝이 보이지 않는 길을 계속 걸어갈 수 있는 이유는 단 하나. 아픔이 지나고 나면 상상조차 할 수 없을 만큼 아름다운 날이 올 거라는 확신 때문이다.

우리는 모두 그렇게 살아간다. 외롭지만 마치 괜찮은 듯 하루를 견뎌낸다. 불안해도 강한 척하며 버틴다. 하지만 숨기지 않아도 괜찮다. 더는 강해 보이지 않아도 괜찮다. 서로를 이해할 수 있다는 것만으로도 위로가 될 수 있다는 걸 이제는 아니까. 아무렇지 않은 척 살아가는 것. 그게 다 나를 지키려는 최선의 방법이다. 하지만 잊지 말자. 어두운 터널을 지나면 반드시 밝은 햇살이 비추듯, 당신의 시간도 따뜻한 빛을 머금을 것이다.

강해 보이기 위해 애썼던 적이 있었는가?
그때의 나는 어떤 마음이었을까?

# 048

# 일부러 여백을
# 남겨두는 용기

드라마를 처음부터 끝까지 본 적이 많지 않다. 방송 시간을 기다릴 만큼 몰입하고 주말 약속까지 미루며 챙겨본 작품도 있었는데 좋아하는 드라마일수록 이상하게 결말에 손이 가지 않았다. 처음엔 작가가 다져놓은 길을 따라가며 인물의 대사에 담긴 감정을 헤아리고 이야기에 빠져들었다. 그런데 막상 결승점에 가까워지면 잡고 있던 손을 슬며시 놓게 된다. 단순하게, 끝을 알고 싶지 않다는 이유에서다.

애청했던 드라마 중에서도 유독 시선을 빼앗긴 작품이

있다. 벌써 다섯 번이나 다시 본 〈그해 우리는〉이다. 고등학교 때 촬영한 다큐멘터리가 역주행하면서, 과거에 껄끄럽게 헤어진 두 남녀가 다시 얽히게 되는 이야기. 단순한 로맨스 같지만, 서로를 향한 감정이 쌓여가며 장면마다 미묘하게 변하는 흐름이 이 드라마의 가장 큰 매력이다. 특히 각자 독백으로 마음을 전하는 대사들이 너무나도 현실적이라 가끔 떠올려 보곤 한다. 내가 사랑과 이별을 겪으며 얼마나 솔직하지 못했는지, 얼마나 많은 감정을 숨기고 있었는지 새삼 깨닫게 된다. 두 주인공은 티격태격하다가 서로의 마음을 확인하게 되지만, 그들의 결말이 정확히 어떤 해석인지는 여전히 알지 못한다. 해피엔딩이라고 예상하는데 그래도 내 생각과 다를까 봐 끝까지 보기 망설여진다. 혹시나 허무하게 끝난다면 그동안 애타게 따라온 마음이 아까울 것 같아 차라리 상상 속의 결말로 남겨두는 것이 편하다.

살다 보면 마음대로 되지 않는 일투성이다. 미친 듯이 노력해도 답이 보이지 않는 순간들이 있고, 기대와 다르게 흘러가는 일도 다반사다. 때로는 최선을 다했는데도 원하는 결말을 맞이하지 못하고, 받아들이기 힘든 현실 앞에 멈춰 서기도 한다. 그런데 이런 복잡한 인생 속에서, 적어도 드라마 한 편의 결말쯤은 원하는 대로 남겨둬도 되지 않을까? 어쩌면 열린 결말이라는 건 각자의 해석대로 이야기를 완성할 수 있는 작은 특권인지도 모른다. 믿고 싶은 대로, 바라는 대로. 현실에서는 쉽지 않지만 적어도 이야기 속에서는 뭐든 그릴 수 있으니까.

# 오래 지키고 싶은 인생의 철학이나 원칙은?

## 049 바쁘다고 잘 사는 것은 아니지만

내향적인 성향이라 항상 집에서 에너지를 충전했는데 요즘은 매일 밖으로 나가고 있다. 시간을 알차게 써야 한다는 강박이랄까. 바쁘게 살아야 잘 살고 있다는 게 아니라는 걸 알지만 가끔은 평소와 달라도 괜찮지 않은가.

가던 길에서 벗어나면 새로운 나를 마주한다. 익숙한 환경을 떠나 진짜 원하는 것이 무엇인지 다시금 고민하게 된다. 어색한 공기, 낯선 공간, 그 안에 있는 새로운 나. 불편함 속에서도 점차 확장되는 나를 느낄 때 미래에는 어떤 모습일지 궁금해진다.

전혀 다른 나를 경험하기 위해
해볼 수 있는 일은?

# 기록은
# 내 역사의 증거

벌써 여기까지 기록한 당신에게 보내는 응원.

꼭 거창한 이야기를 남길 필요는 없다. 하루의 조각들이 모여 나를 설명하는 말이 된다. 쓰다 말아도 괜찮다. 이미 쓰인 흔적들이 자신을 이해하는 힌트가 될 테니까.

그러니 멈추지 말자. 한 문장이 쌓여 한 페이지가 되고, 한 페이지가 쌓이면 하나의 삶을 표현해준다. 이 글들은 우리가 지나온 길을 돌아볼 수 있는 가장 확실한 증거다. 어느새 여기까지 왔으니, 다음 페이지도 천천히 넘겨보자.

지금까지 포기하지 않은 나에게 건네는
칭찬 한마디.

# 4장

# 어른의 길을 걷는 과정

# 어른은
# 축적된 경험이 말해준다

어른이 된다는 것은 인생을 배우는 과정이다. 배움은 여러 가지 경험으로 이뤄지겠지만 그중에서도 나는 가족과의 관계, 특히 엄마에게서 인생을 배운다.

"도서관에서 이 책 좀 빌려줘." 엄마가 처음으로 나에게 부탁을 했다. 30년 넘게 함께 살면서 본인을 위해 무언가를 부탁하는 모습을 거의 본 적이 없었다. 어떤 책이길래 굳이 콕 집어 부탁하실까 싶어 검색해 보니 신간이었다. 도서관에서 목록을 확인했지만 갓 나온 거라 소장된 곳이 없었다. "아직 도서관에는 들어오지 않았으니 사서 보는 게 어떠냐"고 물었

더니, 손사래를 치며 "나중에 들어오면 그때 빌려볼게. 절대 사지 마"라고 단호하게 말했다.

며칠이 지나 서점에 들렀을 때 엄마가 궁금해하던 책이 떠올랐다. 도서관에서 빌리지 못한 것이 계속 마음에 걸렸다. 내가 원하는 물건을 살 때는 가격을 따지지 않으면서, 왜 엄마에게는 그렇게 야박했던 걸까. 하지만 분명 뭐 하러 샀냐고 말할 것이 뻔했다. 그래서 마일리지로 결제했다는 귀여운 거짓말도 준비했다.

책을 건네자 엄마는 돋보기를 껴가며 밤새 읽으셨다. 방대한 분량을 하루 만에 다 읽고는 눈을 반짝이며 말했다. "진작 살 걸 그랬어! 이건 두고두고 볼 책이야." 반짝이고 생기 있는 표정을 보는데 별것 아닌 일로 엄청난 효도를 한 것처럼 뿌듯했다.

그날 문득 깨달았다. 내가 본 엄마는 본인을 우선해서 살아본 적이 없다는걸. 목걸이를 선물하면 "이런 것 차고 다닐 곳도 없어"라며 반품하라고 하셨고, 드린 용돈도 꼬박꼬박 모아두었다가 나를 위해 내어주셨다. 10분만 지나도 주차비가 배로 오른다고 서두르라 하셨던 엄마. 나는 속으로 '저렇게까지 아껴야 하나?' 싶었지만, 어느 순간 나 역시 그렇게 살고 있었다. 내게도 엄마의 습관이 스며들고 있었다.

어른이 되고 나서부터는 입버릇처럼 말한다. "이제는 마음 껏 누리며 살아. 비싼 옷도 한 번 입어보고, 맛있는 음식도 사 먹고, 여행도 다녀봐." 엄마는 고개를 끄덕이지만, 나는 알고 있다. 그렇게 살지 못한 이유가 결국 나 때문이라는 것을. 몸 소 겪어봐야 욕구가 생긴다. 다양한 음식을 먹어봐야 무엇이 맛있는지 알고, 여행을 다녀봐야 가고 싶은 곳이 생긴다. 하 지만 엄마는 그런 여유를 가져볼 기회가 없었다. 오직 자식 을 위해 살며 자신의 욕심은 늘 뒤로 미뤄뒀다. 엄마에게 끊 임없이 말한다. "누리면서 살아도 돼. 왜 그렇게 살지 않는 거 야?" 하지만 그 말은 사실 엄마가 아니라, 과거의 나를 향한 후회이자 앞으로의 나를 향한 다짐이라는 것을 스스로 알고 있다.

누구도 하루아침에 어른이 되지 않는다. 평범한 매일을 지 나오다 문득 돌아봤을 때, 그제야 성장했다는 걸 깨닫게 된 다. 어른이 된다는 건 단순히 나이를 먹는 일이 아니다. 감당 할 수 있는 것이 많아지는 과정, 받기만 하던 사람이 누군가에게 베풀 수 있게 되는 변화, 나를 포함해 사랑하는 이들을 책임질 줄 아는 사람이 되어가는 길이다.

어린 시절엔 당연했던 것들이 이제는 새롭다. 부모의 삶을 이해하게 될 때, 나 역시 부모를 닮아가고 있음을 알게 될 때, 혹은 내 감정과 생각들이 달라지고 있음을 느낄 때. 그렇게 우리는 조금씩 어른이 되어간다.

이번 장에서는 나를 성장시킨 경험과 생각을 나누고 어른이 된다는 것이 무엇인지 고민해 보려 한다. 이번 이야기들로 나는 얼마큼 자란 사람인지 함께 돌아볼 수 있길 바란다.

# 051

# 아픈 건
# 청춘만이 아니다

책《아프니까 청춘이다》가 베스트셀러가 되면서 한때 20대의 아픔은 당연한 것처럼 받아들여지던 시기가 있었다. 학비와 생활비를 벌기 위해 아르바이트를 전전하는 것도, 소개팅 후 답장이 오지 않아 혼자 술을 마시던 밤도, 좁은 원룸에서 친구들과 부대끼던 날도 '청춘이니까 견딜수 있는 때'라고 말하며 지나왔다.

그런데 문득 궁금해진다. 긴 터널을 지나왔는데 왜 여전히 괴로울 때가 많은 걸까? '청춘'이라는 이유로 감내해야 했던 것들은 지나갔지만, 어른이 된다고 해서 모든 것이 해결되는 것은 아니었다. 그렇다면 우리는 언제쯤 아프지 않다고 말할 수 있을까? 만약 고통이 청춘의 전유물이라면, 그 시간을 지나고도 여전히 고민과 불안을 안고 살아가는 나는 어디쯤 와 있는 걸까?

오랫동안 이어진 나의 고질적인 고민이 있다면?
만약 없다면 어떻게 해결해 왔을까?

# 052

# 독립은 공간이 아니라
# 태도의 문제

독립은 익숙한 공간과 시간에서 벗어나는 것만 뜻하진 않는다. 진정한 독립이란 남들의 시선에서 자유로워지고, 있는 그대로의 나를 받아들이며, 기대나 판단에 휘둘리지 않고 나만의 방식으로 개척하는 것이다. 아무것도 하지 않아도 괜찮다고 다독일 수 있는 용기, 흔들리지 않고 자신의 삶을 선택하는 담대함까지 갖췄을 때 비로소 온전한 독립을 경험하게 된다.

내가 정의하는 독립의 의미는?

10년 후 나는 어떤 모습으로 살아가고 있을까?

# 어른은 스스로를
# 소홀히 하지 않는다

혼자 밥을 먹을 때면 설거지를 줄이려고 그릇에 반찬도 덜지 않고 그냥 대충 때우곤 했다. 언제부턴가 먹는 것, 보는 것, 느끼는 것들까지 아끼게 되었고, 무심함이 습관이 되었다.

그러지 말아야지. 특별한 손님을 대하듯, 나의 하루도 더 정성스럽게 마주해야지. 커피 한 잔을 마시더라도 제일 예쁜 잔을 고르고, 반찬도 정갈하게 담아 한상 차려내야겠다. 좋은 것을 아끼지 않고, 나에게 먼저 내어주는 것. 자신을 존중할 줄 알아야 타인도 사랑할 줄 안다.

나를 아끼는 연습으로
오늘 당장 실천할 수 있는 작은 행동은?

# 054

# 선택의
# 갈림길에서

"난 우리를 위해 선택할 거야."

크리스마스 아침, 눈을 떠 보니 한 남자의 인생이 완전히 바뀌어 있다. 월스트리트 최고의 사업가였던 그는, 한순간에 야망을 위해 헤어졌던 연인의 남편이자 두 아이의 아버지가 된다. 영화 〈패밀리맨〉은 그렇게 주인공에게 뜻밖의 삶을 선물하며 인생에서 진정 값진 것이 무엇인지 묻는다.

속이 시끄러울 때마다 이 영화를 찾는다. 딱히 심오한 이유가 있는 건 아니다. 집중해서 보기보다는 그냥 틀어놓고 할 일을 한다. 주인공들의 대사와 배경음악이 흘러 나오는 것만으로도 안정되는 이유는 아마 이 영화를 같이 보았던 그 사람 때문일 것이다.

　과거의 나 역시 사랑과 일 사이에서 갈팡질팡하던 때가 있었다. 커리어를 우선해야 할지, 결혼을 선택해야 할지 확신이 없었다. 두 가지 갈림길에서 무엇을 포기해야 할지 몰라 방황했다. 직업적인 특성도 있지만 사실 많은 이들이 마주하는 현실이다. 승진에서 밀려나는 건 아닌지, 경력이 끊기면 다시 자리 잡을 수 있을지 여러 가지 걱정이 머릿속을 가득 채웠다. 물론 과거보다 결혼과 육아에 대한 인식이 많이 바뀌었다. 남자도 출산휴가나 육아 휴직을 자연스럽게 사용하는 분위기가 생겼고, 결혼 후에도 다양한 기회가 열려 있다. 그런데도 혹시나 생길지 모르는 틈이 신경 쓰이는 건 어쩔 수 없다. 결혼을 늦추는 것이 경력을 위해 더 낫다는 말을 수도 없이 들으며, 무의식중에 미루고 있었다.

　영화의 재생 버튼을 누를 때마다 그가 떠오른다. 만약 우리가 헤어지지 않았다면, 지금은 어떤 모습으로 함께

하고 있을까. 여러 번 생각했지만 여전히 답을 내리지 못했다. 다만 한 가지 바람이 있다면, 언젠가 그때의 선택이 옳았다고 확신할 수 있었으면 좋겠다. 혹여 그렇지 않더라도 후회하지 않았으면 좋겠다. 인생에서 모든 선택이 완벽할 수는 없다. 중요한 건 결과가 아니라 선택하던 그 순간의 마음이다. 그때도, 지금도 나는 최선을 다해 선택해 나갈 뿐이다.

인생의 중요한 선택을 해야 했던 순간,
무엇을 기준으로 결정을 내렸는가?

# 055

## 감정의 무게
## 조절법

우연히 SNS에서 본 문상훈 씨의 대화가 한동안 머릿속을 떠나지 않았다. 말과 글 가운데 무엇을 더 좋아하냐는 질문에 그가 말했다. 좋은 말은 글로 남기고, 나쁜 말은 휘발될 수 있도록 말로 흘려보낸다고.

성숙한 사람은 감정을 잘 다룰 줄 안다. 상처는 마음에 새기지 않고 지나가도록 놔주며, 좋은 말은 자주 꺼내 보려 기록을 남기는 것이다. 상냥한 사람이 되어야겠다. 더 다정하고 자상하게 표현해야겠다. 어른스러움이란 이런 따뜻함을 오래도록 머물게 하는 것이 아닐까.

누군가에게 해주고 싶은 애정 어린 말들이 있다면
무엇을 글로 남길 것인가?

# 056

# 때로는 오기가
# 나를 움직인다

어차피 안 될 거라는 말이 나를 일으켜 세웠다. "쉽지 않을 텐데, 잘 되겠어?"라며 사방에서 찔러대던 송곳 같은 말들. 걱정하는 척 포장했지만 내가 추락하기를 바라고 했던 말일 것이다.

하지만 고맙다. 모진 말들이 오히려 나를 숨 쉬게 했다. 넘어지고 싶어도 넘어질 수 없게, 끝까지 달릴 수밖에 없게 만들었다. 이제 나에게 상처준 말들이 틀렸다고 증명할 것이다. 그럼에도 불구하고 멈추지 않았다고 보여줄 차례다.

# 타인이 준 상처가
## 도리어 나를 성장시키는 전환점이 된 순간은?

# 욕하지 않을
# 결심

운전을 하다 보면 다양한 사람들을 만난다. 갑자기 끼어든 차에 거친 말을 쏟아내거나, 실수로 누른 경적에 기분 나쁨을 노골적으로 표출하는 사람. 그런 감정적 표출은 정작 상대에게 닿지 못하고 주변 분위기만 무겁게 만들 뿐이다.

예전처럼 불같이 반응하기보다 이제는 그런 감정적 미성숙함을 반면교사 삼게 된다. 사소한 반응 하나가 큰 잔상을 남긴다는 걸 경험하며, 불필요한 감정 소모를 줄이는 것이 품위 있는 어른이라는 것을 배운다.

슬픔, 분노, 질투 등 내가 숨기지 못하는
취약한 감정이 있다면 무엇인가?

**058** | # 과거는 아무런
# 힘이 없다지만

 

 

추억이 깃든 공간은 잊고 있던 천진난만함을 일깨운다. 오랜만에 느끼는 동네 도서관의 공기가 나를 어린 시절로 데려가 주었다. 고요하다 못해 적막한 곳에서 친구와 귓속말을 나누던 짜릿함, 공부하다 배고프면 휴게실에서 컵라면을 끓여 먹던 재미, 자판기에서 뽑은 율무차 한 잔까지. 먹고살기 바쁘다는 이유로 예전의 나를 회상하는 게 사치처럼 느껴졌지만, 그때의 나 덕분에 지금을 부지런히 산다. 과거는 아무런 힘이 없다는 말은 틀렸다. 그 기억이 오늘의 나를 일으키고, 내일을 비추는 거울이 된다.

떠올리면 힘이 되는 예전의 추억이 있다면?

# 059

# 사소한 선택이
# 만들어주는 것

생활 리듬이 불규칙한 일을 하다 보니 잠을 설치는 날이 많아졌고, 불면증도 오래 이어졌다. 처음에는 대수롭지 않게 여겼지만, 밤을 새우는 날이 반복될수록 몸도 마음도 점점 지쳐갔다. 늘 피곤하면서도 밤이 되면 머릿속이 또렷해지고, 쉽게 잠들지 못하는 악순환이 계속됐다. 카페인을 줄여야겠다고 생각했지만, 별다른 취미가 없는 내게 오후의 커피 한 잔은 유일한 즐거움이었다. 그래서 놓지 못했다. 그러던 중, 비슷한 증상을 겪던 친구가 디카페인을 추천했다.

디카페인에도 소량의 카페인이 들어 있다고 해서 반신 반의했지만 효과는 기대 이상이었다. 커피의 풍미는 그대로 유지되면서도 머리는 한결 맑아졌다. 무엇보다 예전에 비해 잠도 깊어졌다. 익숙한 습관에서 카페인이라는 요소 하나를 덜어냈을 뿐인데, 생활이 달라지기 시작했다. 카페인을 덜어내는 공법 때문에 일반 커피보다 조금 비쌌지만, 천 원을 더해 편안한 밤과 작은 즐거움을 유지할 수 있다면 충분히 가치 있는 소비였다.

사소한 선택이 만들어준 새로움은 또 있다. 건강을 생각하면서도 즉석식품이나 단 음료를 쉽게 끊지 못했다. 느끼한 음식을 먹고 난 뒤 한 모금 마시는 탄산의 청량감은 쉽게 포기할 수 있는 게 아니었다. 희한하게 '이제부터 절대 마시지 않겠다'고 다짐하는 순간, 더 간절해졌다. 그래서 아예 끊기보다 조금씩 줄이는 방법을 택했다. 매번 마시던 달콤한 라테는 일주일에 한두 번으로 줄이고, 야식이 당길 때는 요거트나 과일로 대체했다. 배고픔을 억누르기보다 건강한 대안을 찾아보는 방식이었다.

최근에는 식사 전에 파프리카나 오이 같은 채소를 먼저

먹는 습관을 들였다. 배를 채우는 순서를 바꾸자 자연스럽게 과식이 줄었고, 속도 훨씬 편안해졌다. 몸이 원하는 방식을 찾아가며 조금씩 바꾸니 건강을 유지하는 것이 훨씬 수월해졌다.

결국 본질은 포기가 아니라 선택과 조율이었다. 모든 걸 단번에 끊어낼 필요는 없다. 불필요한 것을 덜어내면서도 즐거움을 유지하는 법을 찾아가다 보면, 나에게 맞는 균형을 만들어갈 수 있다.

# 내가 생각하는 가치 있는 소비란?

# 060

# 대가 없는
# 무한정의 사랑

여전히 엄마가 해준 밥을 먹는다. 기숙사에 살았던 대학생 시절을 제외하면 줄곧 엄마가 차려주신 밥을 먹으며 살아왔다. 새벽 다섯 시에 출근할 때도, 오후에 나갈 때도 거른 적이 없다. 밖에서 사 먹으면 된다고 말해도 한사코 말리신다.

다 큰 어른이 혼자 밥도 안 차려 먹고 왜 차려주는 밥상을 받느냐고 하겠지만 엄마의 마음은 또 다르단다. 내 딸이 모든 걸 혼자 할 수 있는 나이가 되었어도, 아직 이거라도 해줄 수 있어 좋단다. 아무도 찾지 않는 나이가 되었는데도 자식을 위해 할 일이 남아 있다는 기쁨이다. 때마다 다른 메뉴를 정하는 게 어려워도 자신의 쓰임새에 행복해하시니 말릴 수가 없다.

엄마의 노력과 수고로움은 단순히 한 끼의 식사가 아니었다. 나를 위한 무조건적인 사랑이며 앞으로 살아가는 데 있어 배우고 이어가야 할 따뜻한 책임감이었다.

전자레인지에 계란찜 하나 돌리고, 작년 겨울에 담근 김장김치를 꺼내고, 어제 먹다 남은 된장찌개를 보글보글 끓여 차려내는 한 끼. 엄마가 밥상을 차릴 때마다 함께 담아두는 건 나를 위한 마음이었다. 그래서 늦었다는 핑계를 대며 나갈까 하다가도 이내 식탁에 앉는다.

올해 들어 가스레인지에 냄비를 올려두고 자꾸 깜박하는 엄마를 보며 마음이 아린다. 엄마의 손맛이 담긴 밥을 못 먹게 되는 날이 가까워지고 있다. 식사를 차려놓고 나를 부를 때마다 당연하지 않은 일이라는 것을 새삼 느낀다. 내 삶에 정성을 담아준 밥상. 한 번이라도 더 먹어놔야지⋯. 엄마가 없다면 이 밥상도, 이 집도, 지금 이 순간도 더 이상 같은 의미가 아닐 것이다. 혼자서도 잘 차려 먹을 수는 있지만 그래도 그날이 오기 전까지는 따뜻한 손길을 오래오래 누리고 싶다. 음식 너머의 사랑을 기억하기 위해 오늘도 숟가락을 든다.

# 가족의 사랑은 나에게 어떤 의미일까?

# 061

# 영원한 것은
# 없다

시간이 흘러 원래의 의미가 달라지는 것들이 있다. 싫었던 것이 좋아지기도 하고, 한때 무심했던 것에 갑자기 관심이 생기기도 한다. 때로는 낯설고 불편했던 것이 되레 힘이 되어주기도 한다. 상황에 따라 가치가 달라지기도 하니, 언제 어떻게 역량을 발휘할지 모를 일이다.

그러니 언젠가 찾아올 그날을 기대해 보자. 아직 빛을 발하지 못했다고 하더라도 괜찮다. 때가 되지 않았을 뿐, 머지않아 당신이 빛날 차례가 오고 있다.

시간이 지나면서 그 의미가 달라진 사람이나
기억이 있다면 어떤 것이었을까?

# 062

# 겁이
# 많아진다는 것은

어린 시절, 높은 언덕에서 자전거를 타고 바람을 가르며 내려오던 순간이 생생하다. 페달을 굴릴 필요도 없이 쏜살같이 달리면 왠지 모를 해방감으로 심장이 두근거렸다. 속도를 내는 게 짜릿했고 넘어지면 어쩌나 하는 걱정도 없었다. 지금 돌이켜보면 아찔한 순간이었지만, 그때는 망설임 없이 내달릴 수 있었다. 두려움이란 감정이 익숙하지 않던 시절이었다.

말과 행동도 그랬다. 고민하지 않고 내뱉은 말들이 있었고 별 뜻 없이 던진 농담도 많았다. 깊이 생각하지 않았기에 실수도 잦았지만, 금방 잊어버렸다. 거침없이 솔직하게 마음을 내보이는 게 관계를 맺는 나만의 방법이었다. 상대에게도 진심이 그대로 전해질 거라 생각했다.

하지만 나이를 먹을수록 가장 쉬웠던 것들이 조심스러워진다. 내가 했던 말이 상대에게 어떻게 닿았을까, 혹시 호의로 내민 손길이 동정으로 비치지는 않았을까 되짚어보게 됐다. 어린 시절엔 속도 내는 법을 배웠다면, 지금은 멈춰 서서 돌아보는 법을 배우는 중이다.

겁이 많아진다는 건 조심스러워진다는 것이다. 조심스러워진다는 건 더 섬세하게 마음을 헤아릴 수 있을 만큼 성숙해졌다는 의미일 것이다. 어릴 때의 무모함은 때때로 용기와 같았고, 그 시절의 나는 언제든 내 전부를 내던질 수 있었다. 이제는 열정과 신중함을 함께 품고 나아갈 때다. 신중하다고 해서 느리게 가는 것이 아니다. 신중함은 멈춤이 아니라, 깊이 생각하고 멀리 내다보는 힘이다.

서두르지 않고 여러 번 고민하며, 숙고할 줄 아는 지혜를 배워가고 있다. 시간을 들여 고민하는 게 결코 뒤처지는 일이 아니라는 걸, 때로는 망설이는 게 도움이 되기도 한다는 걸 알아가고 있다. 그렇게 선택을 내리는 것뿐만 아니라 선택이 만들어낼 결과까지 헤아릴 수 있는 사람이 되어간다. 서툴렀고 무모했던, 그래서 더 빛났던 시절이 그립지만 되돌릴 수 없다. 그러나 뜨거웠던 열정은 여전히 내 안에 남아 있다.

# 과거의 나에게
## 다시 배우고 싶은 태도나 마음가짐이 있을까?

# 063

# 인생은
# 끊임없는 교정이다

10년 전에 교정한 아랫니가 틀어지려는 것 같아 신경 쓰였다. 아무리 철사를 덧대어 놓았다고 해도 치아는 원래 자리로 돌아가려는 습성이 있다. 고르게 유지하려면 잠들기 전 유지 장치를 껴야 한다. 반드시 빼 먹지 말아야 할 일을 이틀에 한 번, 점차 귀찮아지면서 일주일에 한 번 정도 하다 보니 이렇게 되었다. 심한 상태는 아니지만 한 번 눈에 거슬리기 시작하니 이대로는 안 되겠다 싶어 치과를 찾았다.

"이거 너무 별거 아닌데요?"

선생님의 진단에 혼자 전전긍긍하던 게 허무해졌다. 교정기를 달면 발음이 샐 것 같고 그럼 방송은 어떡하지 온갖 걱정이 머릿속을 휘몰아쳤는데, 괜한 걱정이었다는 걸 알고 나니 그제야 안도의 한숨이 새어 나왔다.

집에 돌아와 거울에 비친 모습을 다시 들여다봤다. 비뚤어진 이도 결국 제자리를 찾아가는 중이다. 흠이 전혀 없는 치아는 찾기 어려운 것처럼, 인생도 마찬가지일 것이다. 완벽하지 않은 모습으로 흐트러졌다가 다시 맞춰가는 것이다.

가끔은 지나온 시간을 떠올리며 내가 옳았는지 고민한다. 어떤 선택은 여전히 확신이 들지 않고, 어떤 순간은 애써 외면하고 싶어진다. 하지만 그때마다 나름의 이유가 있었을 거라고 다독인다. 그러니 흐트러짐을 두려워하지 않기로 한다. 틀어지는 순간이야말로 균형을 찾는 계기가 될 테니까.

하나의 설계대로만 흘러가는 인생은 세상에 존재하지 않는다. 모자란 부분이 있어야 더 많은 것을 채울 수 있다. 더도 말고 덜도 말고 지금보다 나아지는 것에 집중하려

한다. 처음부터 완전한 사람은 없듯, 나도 그렇게 조금씩
좋아지고 있다.

# 사소한 걱정에 많은 에너지를 쏟았던 적은 언제인가?

<br>

**064** | 부고를 받아들이는
마음


모든 게 처음이었다. 사랑하는 이를 떠나보내는 일, 그리고 그 마지막을 처음부터 끝까지 책임져야 한다는 막막함. 장례식장에 도착하자 낯선 절차와 복잡한 준비가 기다리고 있었다. 대접할 음식을 정하고, 꽃을 고르고, 조문객을 맞이할 자리를 살피는 동안 반나절이 정신없이 흘러갔다. 슬퍼할 겨를조차 없었다. 장례식장이란 곳은 익숙해지고 싶지 않은 공간인데, 어느새 나는 그곳의 사용법을 배우고 있었다.

"왔구나."

"그래, 너를 제일 예뻐하셨지."

"잘 왔다, 잘 왔어."

오랜만에 만난 이들은 하나같이 말했다. 그분이 나를 얼마나 아꼈는지, 얼마나 자랑스러워했는지. 따스한 말들이 내가 이 자리에 서 있는 이유를 다시금 되새기게 했다. 사흘 내내 거의 잠을 못자고 곁을 지켰지만 피곤하다는 생각조차 들지 않았다. 그렇게 장지까지 들렀다 오는 길, 차 안에서 나도 모르게 콧노래가 흘러나왔다. 이상하지 않은가? 내내 눈물이 멈추지 않았는데 막상 보내드리고 나니 가슴 한편이 이상하게도 홀가분해졌다. 맑게 갠 하늘 아래, 평안하게 웃고 계실 얼굴이 자꾸만 그려졌다.

그제야 알았다. 지금 느끼는 이 가벼움은 슬픔이 끝났다는 신호가 아니었다. 그분이 편안해지셨다는 걸 비로소 몸과 마음으로 받아들였기 때문이었다. 고통도, 아픔도 없는 곳에서 평화롭게 계실 거라는 믿음이 마음 한구석을 조용히 감싸주었다.

이별은 언제나 낯설고 익숙해지지 않는다. 하지만 마지막 순간까지 함께 애쓰고 정성껏 보내드리는 과정을 통해 우리는 사랑을 배우고, 남겨진 이들과 함께 성장해 간다. 삶의 끝은 서글프지만 누군가에게 사랑받았다는 확신은 그 끝을 조금은 덜 아프고, 더 안온하게 만든다. 그렇게 사랑은, 언제나 다른 방식으로 우리 곁에 머문다.

사랑하는 사람을 떠나보낸 적이 있는가?
그렇다면 떠난 이가 내게 남긴 가장 큰 가르침은 무엇인가?

# 5장

# 꿈을 그려가는 날들

# 시작하는 사람의 마음가짐

한 가지 일에만 얽매이지 않고 다양한 분야에서 활약하는 멀티 커리어 시대다. 하지만 나는 그런 흐름과는 다소 거리가 있는 삶을 살아왔다. 첫 직장에 입사했을 때만 해도 '평생 직장'이라는 개념이 당연하게 여겨지던 시절이었다.

고정적인 월급이 나온다는 건 직장인의 가장 큰 장점이었다. 일이 많아 힘들어할 때면 선배들은 위로하듯 말했다. "나도 너 나이 땐 다 그렇게 일했어. 나중엔 적게 일하고 많이 버는 날이 올 거야." 위로라기엔 어딘가 공허했지만, 앞서 그 길을 걷고 있는 선배들의 말을 붙들고 버티곤 했다. 언젠가 나도 선배들처럼 탄탄하게 커리어를 쌓겠지 싶은 기대감으로 스스로를 다독이면서.

하지만 어느 날 문득 이런 생각이 들었다. "이대로 계속 살아간다면 훗날 어떤 모습일까?" 흔히들 안정적인 삶이라고 말하는 길을 그대로 걸어간다면, 나는 정말 행복할까? 고정된 월급은 달콤할지 몰라도 그만큼 정해진 순서대로 삶이 흘러갈 수도 있다. 좋은 사람을 만나 결혼하고, 아이를 낳고, 육아휴직을 거쳐 다시 회사로 돌아오고, 그렇게 살아간다면 미래의 나는 어떤 사람이 될까? 한 번도 깊게 고민해 본 적 없던 질문들이 머릿속을 가득 채웠다. 그리고 곧 알아차렸다. 나는 단순히 불안이 없는 미래를 원하는 것이 아니었다.

익숙함에서 벗어날 때 우리는 성장할 수 있다. 어릴 적 나는 끊임없이 도전하고 배우는 데서 성취감을 느꼈다. 새로운 것을 시도하면서 내 안의 가능성을 키우는 과정이 즐거웠다. 그런데 지금은 익숙함에 안주하며 하루하루를 무난히 흘려보내고 있었다. 안정이라는 이름 아래, 꿈꾸는 것을 멈춘 채 주어진 틀 속에서만 살아가고 있었다.

종종 착각했다. 아무것도 하지 않아도 세상은 그대로일 거라고. 하지만 현실은 예상했던 것보다 빠르게 변하고 있다. 이런 흐름 속에서 지금 가만히 멈춰 있는 것은 창의적으로 살지 않고, 발전이 없는 것처럼 느껴졌다.

달라져야 했다. 마냥 현재에 머물고 싶지는 않았다. 물론 주체적으로 해보고 싶은 일들이 많았다. 하지만 회사에 무언가를 제안하면 돌아오는 대답은 한결같았다. "규정상 어렵습니다." 그렇다면 선택지는 분명했다. 이곳에서 하고 싶은 일들을 하기가 어렵다면 떠나는 수밖에 없었다. 그렇게 나는 인생에서 가장 큰 용기를 냈다.

도전하는 사람은 무엇이 되었든 살아갈 방법을 찾는다고 믿는다. 퇴사 후, 가장 많이 들은 질문은 이것이다. "퇴사하고 나니까 어때? 돌아가고 싶지 않아?" 프리랜서로 지낸 지 몇 년이 지난 지금도 대답은 같다. "다시 과거로 돌아간다 해도 똑같이 선택할 거야. 그보다 더 일찍 나왔으면 좋았을 것 같아." 사표를 내기까지 많은 고민과 망설임이 있었지만 행동에 옮기고 나니 알게 되었다. 저지르고 나면 벼랑 끝에서라도 해내고 만다. 일단 앞으로 나아가고자 결정했다면 못 할 일은 없다. 중요한 것은 완벽한 준비가 아니라 한 걸음 내딛는 용기다.

우리는 종종 안정을 미리 확보한 뒤 행동해야 한다고 생각한다. 하지만 안정은 움직이는 사람만이 만들어낼 수 있는 것이다. 삶의 중요한 결정을 내린 후에도 문제들은 계속해서 생겨난다. 그러니 하나씩 해결하며 나아가다 보면 어느새 성장한 자신을 발견하게 될 것이다.

8년간의 직장 생활을 끝내고 다른 길을 걸으며 이해하게 되었다. 인생의 남은 순간들이 많은 지금, 안주하며 게으름을 피우면 도태될 수 있다는 것을. 깨어 있는 생각으로 움직여야 한다. 물론 불확실한 미래는 두렵다. 하지만 안정과 반복 속에 머물던 과거보다 지금의 내가 훨씬 매력적인 삶을 살고 있다고 확신한다.

도전은 삶을 살아가는 멋진 방식 중 하나다. 새로운 시작을 망설이고 있다면 앞으로의 글들이 당신의 결정을 앞당기는 데 중요한 역할을 해줄지도 모른다. 고민을 시작했다는 것 자체가, 이미 더 넓은 세상을 향해 마음의 문을 열고 있다는 의미이기 때문이다. 그렇다고 해서 특별한 목표만 말하지 않는다. 매일 아침, 우리는 각자의 길 위에 선다. '땅' 하는 신호음이 들리지 않아도 각자 마음속에서 힘차게 달릴 준비를 한다. 어제의 실수를 털어내고 다시 달릴 용기를 내는 것. 수없이 넘어지고 일어서기를 반복하며 한 걸음 더 내딛는 것. 그것이야말로 우리 삶의 진정한 도전이다.

　이 장은 그런 당신을 위한 격려다. 출발선에서 내딛는 첫걸음이 얼마나 가치 있는지, 그 걸음이 어떤 결실로 돌아올지 상상하는 것만으로도 가슴이 뛸 것이다. 변화를 두려워하지 않고, 원하는 길을 찾아 걸어가는 여정이 훗날 그때의 선택이 옳았다는 것을 증명해 줄 것이다.

# 065     잘하려고 애쓸수록
## 감정은 소모된다

  손에 쥐고 있는 것들을 놓치지 않으려고 애썼다. 굳이 그렇게 살지 않아도 좋았으련만. 예민하게 굴지 않아도 될 일이었고, 웃으며 넘길 수 있었는데 별것도 아닌 일에 감정을 크게 낭비해 버렸다. 손에 꽉 쥐려고 할수록 힘들었다. 이제는 좀 더 가벼워져야겠다.

지금까지 꼭 붙들고 놓지 못했던 것이 있다면 무엇일까?

# 066

# 목표 선언은
# 가장 강한 실행력

간절히 이루고 싶은 일이 생기면 주변에 알리는 편이다. SNS에도 올리고 내가 꼭 그 일을 해낼 것처럼 소문을 낸다. 그렇게 다들 알게 되면 나와의 약속을 저버리기 어려워진다. '이미 말해버렸으니 이제 물러설 곳이 없다'라는 묘한 책임감이 나를 움직이게 한다.

꿈을 말하는 건 부끄러운 일이 아니다. 앞으로 나아가게 하는 원동력이자 즐거운 선언이다. 그러니 이루고 싶은 일이 있다면 망설이지 말고 말해보는 건 어떨까? 온 세상이 당신을 응원할 준비를 하고 있다.

# 원하는 일을 이루면 내 삶은 어떻게 달라질까?

인생은
둥글다

"재밌게 해. 열심히 하고.

모르는 건 물어보고 안 되는 거는 계속해 봐!

패스 실수하고 지금 잘 안 되어도 돼.

지금 잘하라고 하는 거 아니야.

나중에 너희가 손흥민처럼 국가대표가 되고 프로에 갔
을 때 그게 완벽하게 됐으면 좋겠다는 거지.

너희가 완벽하게 하길 바라지 않아.

터치가 벗어나도 되고, 슈팅이 빗나가도 돼.

그걸 잘하기 위해서 계속 애를 쓰는 것만 보여주면 돼.

알았지?"

최고가 되기 위해 땀을 흘리는 어린 선수들에게 어느 축구팀 감독이 한 말이다. 어떻게 훈련하면 좋을지 형처럼 세세하게 조언하는 모습이었는데, 마치 나에게 "너도 이렇게 살아"라고 말하는 것 같았다.

축구 영상 속에서 인생이 보이는 건 왜일까. 같은 방향으로만 뛰고, 익숙한 플레이를 반복하면 실수를 줄일 수 있다. 하지만 다른 움직임을 시도해야 경기의 흐름이 바뀌듯, 삶에서도 다양한 변화를 받아들여야 넓은 세상을 경험할 수 있다. 이런 진리를 알면서도 두려움이 앞설 때가 많았다. 그래서 지금까지 경험하지 못한 것들이 천지다. 고깃집에서 혼자 술을 마셔보는 일도, 바람을 맞으며 무작정 낯선 곳으로 떠나보는 자유도, 노래에 취해 사람 많은 곳에서 춤을 추는 일탈도 해본 적이 없다. 인생은 짧으니 하고 싶은 건 다 해보라는 말을 숱하게 들었지만, 좀처럼 몸이 말을 듣지 않았다.

질문을 조금 바꿔보기로 했다. '내가 뭘 할 수 있을까?' 가 아니라, '내가 어떤 감정을 더 경험하고 싶은가?'로. 멋진 순간을 만들기 위해서는 다양한 감정이 필요하다. 설렘, 기대, 쑥스러움, 긴장, 심장이 두근거리는 상황들. 익숙한 감정에 젖어들었던지라 색다른 즐거움을 일부러 밀어내지 않기로 했다. 어느 날 가던 길에서 벗어나 다른 경로로 향했을 때 기분이 좋았던 것처럼, 어디로 흘러갈지 모르는 물살에 몸을 맡길 줄 아는 유연함을 가져보려고 한다.

축구 경기가 팀의 작전대로 흘러가지 않듯, 앞으로의 인생도 뜻대로 되지 않는 순간이 많을 것이다. 하지만 경기를 포기하지 않는 선수들처럼, 내게 주어진 시간을 포기하지는 말자. 완벽한 플레이만 고집하기보다 실수하는 경험을 쌓는다고 생각해 보자. 부딪히고, 넘어지고, 다시 일어나면서 나만의 플레이 스타일을 만들어가는 것. 예측하지 못한 패스가 멋진 골을 만들어내듯 삶도 그렇게 흘러갈 것이다.

완벽해야 한다는 부담감에
스스로를 몰아붙인 적이 있었다면 그 결과는 어땠는가?

# 준비한 만큼
# 이루어진다

막연하게 꿈을 갈망하던 시절과 달리, 현실이라는 높은 벽에 부딪힌 날이 있었다. 오랫동안 준비해왔고 누구보다 완벽하다고 생각했지만, 시험장에는 훨씬 뛰어난 사람들로 가득했다. 이미 앵커처럼 안정적인 목소리와 톤으로 말하는 사람들에 압도당했다. 흐트러짐 없는 자세와 세련된 태도로 신입사원의 정석처럼 보이는 지원자들 사이에서 나는 어딘가 어정쩡하고 어리숙해 보였다.

준비했던 답변들이 머릿속에서 엉키기 시작했다. 어깨를 펴고 앉아 있어야 한다는 걸 알면서도 자꾸 움츠러들었다. 꿈을 향해 자신감에 차 있던 모습은 온데간데없이 사라지고 홀로 외딴섬에 떨어진 기분이었다. 하지만 이대로 물러설 순 없었다. 자주 오는 기회도 아니었고, 지금 놓치면 언제 다시 올지도 몰랐다.

눈을 감고 귀를 닫았다. 보이고 들리는 것들에 신경 쓰다 보면 나도 휘둘릴 게 뻔했기 때문이다. 이때만큼은 다른 사람이 아니라 나에게 집중해야 했다. 내가 연습했던 것들이 있는데 지금 와서 남과 비교하며 흔들릴 이유가 없었다.

그동안 지나온 날들이 스쳐 갔다. 수없이 예상 질문을 적어가며 답변을 연습했던 밤들, 같은 문장을 반복해 말하며 말꼬리를 다듬던 순간들, 거울 앞에서 표정을 점검하며 스스로를 다잡았던 시간들. 모든 노력이 떠올랐다. 그리고 아주 크게 숨을 한 번 내쉬며 되뇌었다.

"원래 하던 대로만 하자."

여전히 믿고 있다. 평소에 품고 살아가는 생각, 그간 준비해온 방향과 성실함이 정답이라는 것을. 누군가는 섣부른 판단이라고 손사래를 칠 수도 있다. 하지만 판단이 틀렸다고 할지언정, 그건 곧 뛰어난 사람들 속에서 나를 잃지 않기 위한 생존법이다. 자신에 대한 믿음이 없으면 나를 지키는 일은 불가능하다.

시험장에서 나오며 생각했다. 남들과 비교하느라 내 가치를 깎아내리지 말자. 인생은 주관식이라 하지 않던가. 결국, 답을 만들어가는 건 나 자신이라는 걸. 끝내 유일한 해답은 내 안에 있음을 믿으며.

# 가장 신뢰하는 나의 면모는?

# 069

# 길을 잃어야
# 방향을 찾는다

무엇을 해야 할지 막막한 때가 있다. 지금까지 걸어온 길이 맞는 방향인지 확신이 서지 않고, 모든 것이 불확실하게 느껴져 주저앉고 싶어진다. 돌아가기엔 너무 멀리 와버린 것 같고 앞으로 나아가자니 어떻게 해야 할지 잘 모르겠다. 하지만 길을 잃었다고 해서 끝난 것은 아니다. 때로는 길을 잃음으로써 생각지 못한 길이 보이기도 한다. 지나간 것은 지나간 대로 털어내고 다시 한 걸음씩 나아가면 된다. 더딜지라도 발걸음이 쌓이다 보면 방향을 찾게 될 수도 있으니까.

어떻게 살아가야 할지 몰라 흔들릴 때,
다시 일어서게 한 것은?

# 삶은
# 경주가 아니다

인생은 요리와 비슷하다. 제대로 익히지 않으면 속이 설익고 너무 서두르면 금세 타버린다. 충분히 시간을 들여 익힌 것들은 쉽게 무너지지 않는다. 서둘러 가는 길 위에서 놓칠 수 있는 풍경도 천천히 걸으면 담아낼 수 있다.

빠른 성취와 당장의 좋은 결과가 미덕처럼 여겨지지만 정말 원했던 것인지 고민해 본다. 남보다 늦게 도착하더라도 나는 제대로 도착할 수 있기를 바란다. 삶은 급하게 달려야 하는 경주가 아니다. 빠르기만 하면 무엇이든 탈이 나기 마련이다.

목표를 향해 조급하게 달려가고 있지는 않는가?

지금 내가 서두르는 일이 정말 빠르게 해야 하는 것일까?

# 071 실수를 낙인으로
받아들이지 말 것

사회에 첫발을 내디뎠을 때, 스스로 밥벌이를 할 수 있다는 기쁨은 잠깐이었다. 합격만 하면 원하는 모든 것을 이룰 수 있을 줄 알았다. 하지만 처음 만난 세상은 녹록지 않았다. 더는 마음 편히 배울 수 있는 학생의 위치가 아니라는 걸 간과했다. 이제는 남의 주머니에서 나오는 돈을 받으며 그만큼의 효용을 증명해야 했다. 생존이 우선이 되어 자리 하나를 차지하기 위해 이리저리 뛰며 경쟁해야 하는 현실에 조금씩 지쳐갔다. 프로의 세계에서 살아남으려고 악착같이 발버둥 쳤고, 주목받을수록 내가 그럴만한 가치가 있는 사람인지 수없이 되물었다. 실수하고 깨지는 비용까지 월급에 포함된 것 같다는 말이 뼈저리게 와닿을 정도로, 여기저기서 깨지기 일쑤였다. 괜찮다고 말했지만 괜찮지 않은 날들이 이어졌다.

가장 괴로웠던 것은 부족함이 적나라하게 드러나는 순간들이었다. 잘하고 싶은데 뜻대로 되지 않아 자신감이 점점 사라졌다. '제대로 할 줄 아는 게 없구나.' 평생을 꿈꿔왔던 직장인데 이토록 버거운 것이 당연한 걸까. 실수가 반복될수록 불안은 깊어졌고, 패기 넘치던 모습은 흔적조차 찾아볼 수 없었다. 회사에서 크게 혼이 났던 날, 집으로 돌아와서는 아무 일 없다는 듯 웃어 보였다. 부모님이 내 괴로움을 알면 큰일로 받아들일 게 뻔했기에 굳이 말하지 않았다. '괜찮아. 다들 이렇게 견디면서 일하는 거겠지.' 힘든 일은 홀로 삼키고, 부모님이 행복해하실 만한 이야기만 골라 전했다.

혼란은 누구나 겪는다. 다만 드러내지 않을 뿐이다. 각자 크고 작은 성장통을 경험한다. 그 시기를 지나오며 알게 됐다. 나보다 앞서가는 사람을 보며 주눅 들기보다 어제의 나와 오늘의 나를 비교하는 게 더 중요하다는 것. 내 힘으로 바꿀 수 있는 일에만 에너지를 쏟고, 그렇지 않은 일에는 비효율적인 소모를 줄여야 한다는 것. 무엇보다 힘듦을 모른 척하며 버티는 것이 강한 게 아니라는 것. 그때의 나에게 전해주고 싶다.

"새로운 너를 맞이할 준비가 덜 되었을 뿐이야. 지금은 어설퍼도 이 세계에 익숙해지면 누구보다 잘할 수 있어."

새로운 환경에서 나의 부족함이 드러났을 때
어떤 감정을 느꼈고, 그런 경험이 어떤 의미를 남겼을까?

# 072

# 일 중독자의 결말

주변을 둘러보면, 희한하게 일하는 게 취미이자 특기인 사람이 있다. 주인도 아닌데 주인처럼 일하고 모든 열정을 회사에 쏟아붓는다. 강요가 아니라 성과를 위해, 본인이 좋아서 한다고 해도 결국 건강에 적신호가 오고 나서야 일이 전부가 아님을 뒤늦게 알아차린다.

이제는 안다. 회사 일이 아무리 중요해도 내 마음과 삶보다 우선일 수는 없다. 회사는 나 없이도 잘 돌아가지만, 내 삶은 스스로 챙겨야 제대로 굴러간다. 그러니 더 알뜰하고 세심하게, 나를 먼저 돌봐야 한다.

스트레스로 지친 나를 회복시키기 위해 할 수 있는 행동은?

# 내 시간을
# 능숙하게 다루기

나는 현재 프리랜서다. 프리랜서가 되고 나서 가장 크게 달라진 건 시간 관리다. 출퇴근 시간이 정해진 직장인 시절과 달리, 지금은 나의 리듬에 맞춰 하루를 설계할 수 있다. 일이 없을 때는 휴가계를 낼 필요 없이 훌쩍 떠날 수 있는데, 그만큼 스스로 조절해야 하는 부분도 많아졌다. 시간이 자유로워졌다는 것은 앞으로 어떻게 활용하느냐에 따라 삶의 질이 달라진다는 의미이기도 하다. 생산적으로 활용하면 꿈꿔왔던 일을 펼칠 기회가 될 수 있어도, 계획 없이 스쳐보낸다면 무의미한 하루로 남는다.

나는 스케줄을 조율하며 하루를 효과적으로 보내기 위해 몇 가지 습관을 들였다. 먼저, 일어나는 시간을 일정하게 유지하려고 한다. 직장에 다닐 때보다 지금 더 염려하는 부분이다. 시간의 흐름에 맡기다 보면 게을러질 수도 있어서 빈틈없게 움직인다. 하루의 시작이 정돈되면 그날의 집중력도 달라진다.

또, 프리랜서라는 이유로 집에서 보내는 시간을 가볍게 여기지 않는다. 집에서 해야 하는 일도 하나의 업무니까. 직장에 다닐 때는 퇴근과 동시에 자연스럽게 업무에서 벗어날 수 있었지만 프리랜서는 퇴근이 없다. 즉 일과 생활의 경계가 모호해지기 쉽다. 처음에는 시간의 제약이 없다는 점이 좋았는데 일을 끝내고도 계속 머릿속에서 놓지 못하는 날들이 많아졌다. 그래서 나만의 퇴근을 정했다. 그날 일정이 끝나면 반드시 일을 내려놓고 잠시 쉬어간다. 그렇지 않으면 결국 번아웃으로 이어질 수 있다.

모두에게 똑같이 주어진 24시간을 '소비'하는 사람이될 것인가, 시간을 '운영'하는 사람이 될 것인가에 따라 내일의 모습이 바뀐다. 하루를 어떻게 짜느냐는 누구에게나

중요한 문제다. 자유로움 속에서 방황하지 않으려면 능동적으로 시간을 설계해야 한다. 내 시간의 주인이 되는 것. 그것이야말로 우리 모두에게 필요한 능력일지도 모른다.

하루를 의미 있고 효과적으로 보내기 위해
지키고 싶은 루틴은?

# 074

# 삶의 씨앗이
# 되는 가치

어느 배우가 한 단어에 꽂히면 수첩을 꺼내 적어둔다는 인터뷰를 보았다. 단어 하나에서 시작된 이야기가 그녀의 연기에 씨앗이 되는 모습이 흥미로웠다. 그 이야기는 취업을 준비하던 시절, 글쓰기를 연습했던 방법과도 맞닿아 있었다. 나는 작문 시험에 통과하기 위해 매일 한 단어를 정해두고 글을 썼다. 그런데 떠오르는 방향이 늘 뻔했다. '커피'를 제시어로 삼으면 카페, 아침 루틴, 한국인의 출근 길 같은 익숙한 이미지뿐이었다. '게임'이면 E 스포츠나 페이커 같은 유명한 선수가 자연스럽게 생각났는데 이것도 흔했다. 수천 개의 작문 사이에서 돋보이려면 내 것이 필요했다. 그래서 어떻게 했을까? 수백 번 연습한 끝에 나만의 작문 비법을 만들었다. 모든 주제어를 만국 공통의 관심사 '사랑'과 연결하는 것이다.

　'커피'라면 사랑하는 사람이 나를 위해 바리스타 자격증을 준비했던 이야기를 꺼내고, '게임'이라면 만날 때마다 게임에 빠져 있던 전 남자 친구와의 실망스러운 데이트를 풀어낸다. 사랑 이야기는 흔하지만, 주제어와 엮으면 단숨에 색다르면서도 인간적인 이야기를 쓸 수 있다. 누구든 품고 있을 '사랑'이 나의 기록 여정에서 든든한 동반자가 되어주었다.

　덕분에 글을 쓰는 일이 즐거워졌다. 잘 쓰기 위해 시작한 일이었는데 어느 순간 내면을 들여다보는 것 같다는 생각이 들었다. 단어를 고르고 문장을 만드는 과정에서 진솔한 이야기를 꺼냈고, 한때 미성숙했던 과거를 반성하기도 했다. 마음속에 쌓인 고민, 기쁨, 슬픔과 같은 수만 가지 감정이 한 글자, 한 문장으로 정리되면서 글을 쓰는 일이 곧 나를 이해하는 과정이 되어갔다.

그렇게 지금도 나는 오늘의 마음과 대화하며, 내일을 향한 씨앗을 심고 있다. 쌓인 기록이 언젠가 또 다른 이야기가 될 것이라고 믿으면서.

가장 지향하는 삶의 가치는 무엇인가?
그것과 오늘 하루를 엮어 짧은 글을 써 보자.

# 075

# 의미 부여가 주는
# 원동력

　한동안 공부와는 거리가 멀었는데 오랜만에 책상 앞에 앉았다. 거의 10년 만이었다. 한국사 프로그램을 진행하면서 이 기회로 역사에 대해 더 심도 있게 배우고 싶다는 생각이 들었다. 아나운서라면 모든 분야에 해박할 것 같지만 꼭 그렇지만도 않다. 부끄럽게도 역사에 대해선 학창 시절 시험에 맞춰 배운 것이 전부였다. 그래서 프로그램을 준비할 때도 잘할 수 있을지 많이 고민했고, 그렇게 매주 자의 반 타의 반으로 조금씩 배워가다 보니 어느새 자연스럽게 빠져들게 되었다.

한 번 관심을 가지니 세상이 다르게 보였다. 무심코 지나치던 길에 500년 된 나무가 있다는 걸 알게 되었고, 단골 가게 근처에서 만세운동이 펼쳐졌다는 사실도 새롭게 보였다. 외우려고 할 땐 어려운 내용들이었지만 직접 보니 머릿속에 선명하게 남았다.

이왕 시작한 김에 어느 정도 수준인지 검증하고 싶어 시험을 치기로 했다. 단순한 관심을 넘어서 제대로 해내고 싶었다. 방대한 분량 때문에 '왜 시작했을까' 하는 후회도 있었지만 어떻게든 밀어붙였다. 공부 방법은 크게 다르지 않았다. 2개월간 모든 일을 제쳐두고 수험생처럼 살았다. 일정표를 세워 공부하는 루틴을 만들었다. 또 강의를 통해 배운 내용을 정리하면서 스스로 설명해 보기도 하고, 앞 글자를 따서 외우는 나만의 암기법을 만들기도 했다. 일하면서는 틈틈이 휴대폰으로 문제를 풀었다. 그렇게 1급을 따냈다.

그간 좋은 성과를 내도 이렇게까지 기쁘진 않았는데 이번에는 간절했기에 더 값졌고, 노력한 만큼 기쁨을 고스란히 나에게 돌릴 수 있었다. 내가 생각하는 최고의 공부

법은 의미 부여였다. 역사에 대한 애정이 보여주기식이 아니라는 걸 증명하고 싶었고, 그렇게 목표를 세우면서 집중력도 유지할 수 있었다. 이 모든 게 성취감으로 연결되어 또 다른 모험을 하고 싶게 만드는 원동력이 되었다. 그렇기에 어떤 일이든 마음을 다하면 기대 이상의 선물로 돌아온다고 믿는다. 다음에는 또 어떤 세계가 펼쳐질지 궁금하다.

# 새롭게 공부해 보고 싶은 분야는?

# 076

## 어느 할아버지가
## 가르쳐준 꿈

　며칠 전 길을 걷다가 한 할아버지를 보았다. 이어폰을 끼고 한 손에는 스페인어책을 들고 계셨는데 그 표정이 너무 행복해 보여서 눈길이 갔다. 노래를 듣는 할아버지의 흥얼거림, 생기에 가득 찬 눈빛, 가벼운 발걸음에 이상하게 응원을 받은 것 같았다. 너도 당장 저질러 보라고, 하고 싶은 걸 시작하기에 늦은 때는 없다는 걸 몸소 보여주고 계셨다. 유난히 햇볕이 따사롭던 오후, 내 마음에 여운을 남긴 그날을 잊을 수 없다.

마음 한구석에 오랫동안 자리 잡은 꿈이 있다면?

# 077

# 어른에겐
# 정해진 공식이 없다

어릴 때부터 잔소리꾼이었던 나는 지금도 가족에게 관심이 많다. 정작 나는 결혼도 안 했으면서 동생에게 언제 아기를 가질 거냐고 묻곤 했다. 하지만 안다. 결혼이든, 아이든, 인생의 큰 결정은 각자의 몫이라는 것을. 어른이 된다는 건 중대한 일을 스스로 선택하는 것이다. 어떤 역할을 맡든 내가 살고 싶은 인생을 고민하고 책임져야 한다. 휘청거리더라도 도망칠 이유는 없다. 현재를 충실히 살아가다 보면, 그 선택이 모여 나의 길이 될 것이다. 어른이 되는 길에 정해진 공식은 없다.

중요한 선택을 얼마나 주체적으로 해왔는가?
혹은 사회적 기대와 나의 진짜 바람 사이에서
갈등한 적이 있다면 그때 어떤 선택을 했는가?

# 롤 모델의 존재감

인생에서 롤모델이 있다는 것은 좋은 교과서를 한 권 얻는 것과 같다. 그 사람이 걸어온 길을 바라보고, 말과 행동을 따라가다 보면 자연스럽게 배움이 쌓이면서 어느새 나도 닮아가는 긍정적인 변화를 마주하게 된다. 그래서 롤 모델은 단순한 동경을 넘어 인생을 더 나은 방향으로 이끄는 존재이기도 하다.

우리가 어떤 사람을 만나고 누구를 바라보느냐가 중요한 이유다. 곁에 좋은 본보기가 있다는 것. 그것만으로도 큰 행운이 아닐까.

나의 롤 모델은?
그 사람에게서 어떤 점을 닮고 싶은가?

# 079

# 열심히 하라는 말의
# 무책임

무조건 열심히 살라는 말을 경계한다. 모두가 목표를 이루는 게 아닌데 쉽게 '열심'을 논하는 것 같다. 타인이 정해놓은 틀에 맞추어 살지 않아도, 지나치게 다그치지 않아도 세상엔 충분히 잘 살아가는 인생이 많다.

부모님이 건강하게 여생을 즐기는 것, 나를 아껴주는 평생의 반려자를 만나는 것, 진심 어린 벗과 깊은 관계를 맺는 것, 그리고 작은 것에도 감사할 줄 아는 것. 세월이 지나도 변하지 않을 것들에 행복해할 줄 아는 마음. 그것이 내가 이루고 싶은 성공이다.

내가 이루고 싶은 성공을 하나 꼽는다면?

# 어른도 여전히
# 두려운 게 많다

실패가 두렵다. 확신이 없는 이야기는 꺼내기 망설여지고, 나의 부족함이 드러나는 걸 견디기 어렵다. 하지만 사회에 나와 현실에 부딪히면서 배웠다. 누구나 완벽할 수 없고, 실수 없이 살아가는 사람은 없다는 것을. 그리고 같은 잘못을 되풀이하는 것을 더 조심해야 한다는 것도.

이런 사실을 일찍 깨달았더라면 덜 자책하지 않았을까. 넘어지는 건 문제 되지 않는다. 다시 일어서면 된다. 그 과정 없이 성장한 사람은 없다. 과거의 시행착오들이 지금의 나를 만들었다는 것을, 이제야 받아들이게 된다.

# 내가 가장 겪고 싶지 않은 실패는?

# 081

# 최소한의
# 성실함

아주 특별한 일상을 보내지는 않아도 성실히 움직이려고 한다. 훗날 후회를 남기지 않기 위해서다. 남들에게 보여주기 위함이 아니라 스스로 부끄럽지 않으려는 마음 때문이기도 하다.

부지런함을 유지하기 위해 루틴을 만든다. 흐름이 끊기면 다시 시작하기 어려운 만큼, 작은 습관을 만들어 꾸준히 실천하려고 한다. 단, 무리한 계획보다 실천 가능한 목표를 세운다. 결과가 어떻든 최선을 다했으면 아쉬움이 적다. 그렇게 오늘의 작은 성실함을 하나 더 적립해 본다.

오랫동안 꾸준히 이어온,
또는 앞으로 지키고 싶은 습관이 있다면?

# 선한 마음의
# 쓸모

언젠가 유기견 이동 봉사를 하고 싶다. 우연히 한 방송을 보고, 내가 간단한 역할만 해도 한 생명의 미래가 달라질 수 있다는 걸 알았다. 절차가 복잡할 것 같았지만 생각보다 어렵지 않았다. 서류는 기관에서 준비해 주고, 나는 이동 중에 낯선 환경에서 불안해할 아이가 안전하게 도착할 수 있도록 곁에서 지켜주는 일을 하면 됐다. 국내 입양이 증가했다고 해도 여전히 많은 유기견이 해외로 떠나고 있다. 그 사실은 안타깝지만, 국경을 넘어 맞아주는 사람들이 있다는 점에서 큰 위안을 얻었다.

한 번의 선택이 작은 생명체의 운명을 바꿀 수 있다. 단몇 시간의 노력으로 길 위에서 방황하던 강아지가 가정에서 새로운 출발을 하게 된다. 유기견에게도, 그들을 품어줄 가족에게도 평생을 함께할 인연이 생긴다. 삶의 의미는 어쩌면 미처 꿈꾸지 못했던 순간들을 만나는 데에 있을지도 모른다. 우연한 다짐으로 외로웠던 강아지의 견생을 바꿀 수 있다면 나도 그 따뜻한 변화에 함께하고 싶다.

# 나의 버킷리스트는?

*Time to write myself*

# 6장

# 나와의 믿음을 쌓는 태도

# 삶은 내 해석이
# 만드는 이야기다

　세상을 바라보는 태도가 삶의 방향을 결정한다고들 이야기한다. 그 말의 의미를 깨닫는 건 생각보다 우연히, 사소한 계기에서 비롯되었다. 나태주 시인의 시를 읽으며 마음 한편이 일렁였던 적이 있다. 그의 시는 때로 단순하고 소박하지만 무엇보다 삶을 관통하는 통찰이 담겨 있다. 시인은 어느 날 한 아이와의 짧은 교감을 통해, 세상을 바라보는 태도에 대한 영감을 얻어 '어린아이'라는 내용으로 시를 쓴 적이 있다고 했다.

　시인은 길을 걷다가 한 꼬마와 눈이 마주쳤다. 눈이 마주친 아이가 시인에게 방긋 웃어주었다. 시인은 저 아이가 자신에게 왜 웃어주었을까 고민하다가 깨달았다. "그거야 내가 먼저 웃어줬으니까." 그리고 덧붙였다. "어느 누가 무뚝뚝한 얼굴에 먼저 미소를 보내겠는가." 이 간단하고도 명쾌한 대답 속에는 우리가 종종 잊고 사는 진리가 숨어 있다. 내가 보낸 미소가 되돌아오고, 내가 건넨 친절이 관계를 만든다. 모든 만남은 거창한 노력이나 대단한 사건에서 비롯되지 않는다. 그것은 아주 작은 용기와 사소한 배려에서 시작된다. 먼저 다가가면 웃어주고, 같이 웃으면 마음을 열어준다. 그렇게 마음을 열며 친구가 된다.

하지만 살아가면서 사람들과 인연을 맺는 일이 점점 어려워지는 것을 느낀다. 어린 시절엔 자연스럽게 다가가던 일에, 어느 순간부터 계산이 필요해진다. '진심을 보여줬을 때 그 마음이 왜곡되지는 않을까?', '내가 손을 내밀었을 때 상대가 받아주지 않으면 어떡하지?'라는 불안감에 몸을 사리게 된다. 그러다 보면 어느새 마음의 문을 닫고, 관계의 첫 단추를 끼울 용기를 잃어버린다.

어쩌면 우리는 점점 더 세상을 대하는 태도가 서툴러지고 있는지도 모른다. 예전보다 살기가 훨씬 편리해졌지만, 사람들 사이의 거리는 멀어졌다. 사생활을 존중하는 것이 미덕으로 여겨지고, 이웃을 마주쳐도 고개를 살짝 끄덕이는 정도로 지나치기 일쑤다. 타인에게 다가가는 일이 오히려 과한 간섭으로 받아들여지기도 한다. 어떤 사람들은 이렇게 말하기도 한다. "굳이 내가 먼저 웃어야 할까?" 그러나 시인의 일화가 말해주듯, 세상은 우리가 건네는 태도만큼 포근해질 수 있다.

우리는 각자의 방식으로 세상을 바라본다. 같은 장면을 보더라도 어떤 사람은 그 안에서 아름다움을 찾고, 어떤 사람은 허무함을 느낀다. 결국 우리가 어떤 자세로 임하는지에 따라 인생은 전혀 다른 색으로 물든다. 조금만 유심히 살펴보면, 삶은 사소한 태도의 차이에서 크게 갈린다. 아침 출근길에 무표정으로 지하철을 타는 것과, 잠깐이라도 눈을 감고 감사한 하루를 떠올리는 것. 점심을 먹은 뒤 찾아간 카페에서 직원에게 기계적으로 주문하는 것과, 짧게나마 "감사합니다"를 덧붙이는 것. 매일을 흘려보내는 것과, 하루하루를 의미 있게 채워나가려는 마음가짐. 사소하지만 사고방식과 태도에 따라 삶의 질감이 달라진다.

때로는 관계를 맺는 일이 어렵게 느껴졌던 적이 있었지만 작은 변화를 주기로 했다. 먼저 인사해 보고, 엘리베이터에서 마주친 이웃에게 웃음을 지어보며, 가게에서 주문을 받는 직원의 눈을 보고 고개를 끄덕여주는 등 작지만 내가 할 수 있는 것들을 해보았다. 그렇게 행동으로 옮겨보니 생각보다 많은 것이 바뀌었다. 처음에는 어색해도 점점 상대의 반응이 달라지는 것을 느낄 수 있었다. 그리고 무엇보다 내가 더 행복해졌다.

누군가에게 다가가는 것은 나를 위한 일이기도 하다. 환경이 변하고 도시 생활이 점점 더 개인 공간을 강조하는 시대일지라도, 나는 여전히 누군가의 안부를 묻고 미소 짓는 다정한 순간을 포기하고 싶지 않다.

앞으로도 수시로 용기를 내보려 한다. 사람과 사람이 마음을 나누는 일은 복잡한 계산이 아니라 작은 태도의 차이에서 비롯된다는 것을 기억하면서. 이어지는 글에서는 어떤 환경 속에서도 잃고 싶지 않은 태도에 대해 이야기한다. 삶을 대하는 나의 방법과 끝까지 지켜내고 싶은 가치들, 그것이 왜 중요한지에 대해 적어두었다. 당신도 여러 질문을 따라가며 자신에게 전하고 싶은 이야기를 고민해 보기를 바란다. 이 글이, 삶의 기준을 찾는 계기가 되었으면 좋겠다.

# 083

# 배짱은 키우고
# 태도는 겸손하게

이 세상에 해내지 못할 일은 없다.

쉬운 일은 가볍게, 어려운 일마저 나답게 할 수 있다.

그리고 그에 따른 결과도 온전히 받아들인다.

별거 아니다. 남들도 하는데 나라고 못할 이유가 있겠나.

넘치는 자신감으로, 빛나는 자존감으로,

배짱 좋게 걸어가 보자.

두려울 게 없다.

나는 그런 존재니까.

# 남들과 다른 나만의 강점은?

# 084

## 정직함은 결국
## 살아남는다

어떤 일에 몰두한 만큼 그에 상응하는 결과가 따라온다고 믿는다. 밤을 새우고 친구들과의 약속까지 미루며 미친 듯이 준비한 일에 기대 이상의 보상을 받으면서 느낀 점이다. 반대로 노력 없이 요행을 바랐다면 역시 그만한 결과로 돌아온다. 노력 앞에서 결과는 언제나 정직하다.

인생도 얼마나 몰입했는지, 얼마나 최선을 다했는지에 따라 달라질 것이다. 내가 나에게 정성을 쏟았다면 삶은 헛되지 않을 것이다. 노력은 절대 배신하지 않을 테니 말이다.

결과와 상관없이 과정만으로도
보람찼던 경험이 있다면?

# 085

# 가벼운 말이
# 끼치는 영향

　사람들은 수많은 글을 주고받는다. SNS에 올린 짧은 문장, 휴대폰 메시지, 무심코 던진 댓글까지. 하지만 가볍게 쓴 글이어도 누군가에겐 깊이 박히는 말이 될 수도 있다. 오래전 남긴 글을 우연히 다시 읽었다. 지금 보니 푸념처럼 남긴 글자들이 누군가에게 상처를 주진 않았을지, 누군가의 꿈을 꺾는 계기가 되진 않았을지 곱씹게 됐다.

　글은 누군가의 삶에 흔적을 남긴다. 그렇기에 우리는 언제나 신중해야 한다.

누군가의 말이나 글로 인해
상처받거나 고뇌해 본 적은?

# 편한 길에는
# 남는 것이 없다

한때 편한 길만 추구했다. 같은 비용이라면 덜 힘든 것이 현명하다고 생각했다. 그런데 순간의 편안함은 컸지만 정작 남는 게 없었다. 그 후에는 일부러 고생스러움을 선택해 봤다. 힘겹게 얻을수록 그 이상의 성취감을 가져다주었고, 고민이 깊을수록 현명한 선택이 가능했다.

편한 길은 결과만 남기지만, 힘한 길은 과정을 떠올리게 한다. 그래서 쉽게 얻은 것은 쉽게 사라지고 어렵게 얻은 것은 오래 남는다고 하는 게 아닐까.

여태껏 편한 길과 어려운 길 중
어느 쪽을 더 많이 택했는가?

# 087

# 함께여서
# 빛나는 순간들

몇 번의 계절을 묵묵히 버텨왔다. 어느 것 하나 혼자 이룬 게 없었다. 노력한 사람은 나였지만, 과정을 근사하게 만든 건 곁에서 힘이 되어준 사람들이었다. 혼자 잘 해내는 삶이 아니라 더불어 잘 살아가는 삶. 쌓아온 것들을 지키기 위해 이 사실을 잊지 않으려고 한다. 살아온 방식이 틀리지 않았음을 확인하는 것에서 멈추지 말자. 앞으로의 날들이 지금보다 더 빛날 수 있도록, 혼자만의 성취가 아니라 함께 만든 가치가 기억될 수 있도록.

'함께하는 가치'를 가장 크게 느꼈던 순간은?

# 내 인생의 온도
## 36.5°C

삶을 온도로 비유한다면, 그 온도는 수시로 변한다. 뜨겁게 불타오르며 꿈을 좇다가도 어느 순간 의욕을 잃고 멍하니 보내기도 한다. 우리는 수없이 오르락내리락하기에 평온을 유지하는 게 쉽지 않다.

바라건대, 감정의 변화에 일희일비하지 않기를. 활활 타오르지도, 얼음장처럼 차갑지도 않기를. 양극단 사이에서 균형을 잡으며 무기력할 땐 온기를 찾고, 불안할 땐 차분히 식히는 법을 배우고 싶다. 무엇이든 지나치지 않게 나만의 적정 온도를 찾아가려 한다.

나는 지금 몇 도의 삶을 살고 있을까?
그렇게 생각한 이유는?

# 089

# 나를 얼마나
# 조율할 수 있나요

좋은 일이 생기면 열심히 살아온 나에게 주어진 보상이라 여겼다. 내가 쌓아온 시간이 만들어 낸 값진 결실이니까. 나쁜 일이 찾아오면 '더 좋은 날이 오려고 그러는 거겠지' 기대하며 넘겨버렸다.

그렇게 인생은 나를 조율하는 과정이다. 어떤 날은 나를 시험하듯 무너뜨리고, 또 어떤 날은 눈부시게 빛난다. 마치 균형을 맞추려고 보이지 않는 힘이 작용하는 것처럼. 삶은 흐름과 변화를 수용하는 지혜를 배우는 시간이다. 처음 살아보는 인생, 이제는 그 흐름을 믿는다.

나를 조율하는 과정이 인생이라면
지금 내 인생은 어떤 메시지를 주고 있을까?

최선을
남기는 삶

최선(最善)

1. 가장 좋고 훌륭함. 또는 그런 일.

2. 온 정성과 힘.

하루를 힘껏 살아내야지. 평범한 날이라도 놓치지 말고
의미 있게 남겨야지. 오늘을 더 나은 내일로 연결하기 위
해 최선을 다해 남기고, 돌아봐야겠다.

오늘 내가 최선을 다한 일은?

# 091

## 사랑이 주는
## 힘

'삶은 곧 사랑'이라는 말을 좋아한다. 바람이 차고 일상이 팍팍해도 마음 맞는 이와 나누는 맛있는 한 끼, 우연히 라디오에서 흘러나오는 취향의 재즈 음악, 입 안 가득 퍼지는 커피 향과 상대와 보폭을 맞추며 걷는 한적한 밤길까지. 이 작은 순간들이 쌓여 사랑이 된다.

최근 나를 따뜻하게 만든, 사랑이 깃든 순간은?

# 092

# 순간을 즐기면
# 행복할 기회가 온다

행복했다. 우연히 들른 곳이 알고 보니 SNS에서 보고 꼭 가고 싶어 저장해 둔 장소였다. 또, 먹고 싶다고 노래를 불렀던 호떡집이 눈에 띄어서 사 먹었는데 갓 구운 호떡에 꿀이 한가득 들어 달콤함이 입안 가득 퍼졌다. 유난히 포근했던 겨울날, 이곳저곳 다니기 딱 좋은 날씨였다.

평범해서 완벽했던 하루다.

오늘 하루 행복이라고 이름 붙일 만한 일은?

# 어른과 아이를
# 가르는 질문

꿈이 무엇이냐는 질문도 유효기간이 있었다.

누구도 나의 꿈을 물어보지 않는 시기.


어른과 어린이를 나누는 기준.

어린 시절 꿈꾸던 삶과 지금의 모습은
얼마나 닮았을까?

# 세상은 나에게
# 관심이 없다

세상 사람들은 생각보다 남의 인생에 큰 관심이 없다. "이건 너만 겪는 일이야." 모든 게 무너진 듯한 순간, 선배의 냉정한 말이 이상하게 위로가 되었다. 마치 세간의 시선이 온통 나에게 쏠린 것 같아도 현실은 다르다. 내 아픔과 실패가 아무리 커도 세상은 멈추지 않고 흘러간다.

한때 타인의 시선을 지나치게 의식했는데, 돌아보니 대부분 별것 아니었다. 뻔한 말이지만 인생의 주인공은 나다. 그러니 눈치 볼 것 없이, 하고 싶은 대로 하면 된다.

# 남들의 평가에 얼마나 일희일비하는가?

# 가장 좋아하는 단어

기꺼이.

마음속으로 은근히 기쁘게.


참 좋아하는 말이다.

가장 자주 쓰고 좋아하는 단어는?

# 위하는 마음

당신이 한 뼘만큼 꿈꾸면,
그 꿈이 다섯 뼘만큼 자라
완벽한 행운으로 돌아오기를.

상처받지 말고,
지치지 말고,
부서지지 말고,
예상치 못한 행복들로 넘쳐나기를.

사랑하는 이를 위해 내가 할 수 있는 행동은?

# 미완성인 나를
# 채우는 시간

과거를 돌아보면 어떤 날은 찬란하게 회상되고, 어떤 날은 희미하게 스쳐 지나간다. 똑같이 흘러갔을 순간들인데도 차이가 생기는 이유는 단 하나, 그때의 기록이 남아 있느냐, 남지 않았느냐다.

글로 붙잡아 두지 않으면 사라져버린다. 앞으로 펼쳐질 날들이 어떤 이야기로 채워질지는 알 수 없지만, 한낱 먼지처럼 흩어지게 두지는 않겠다. 무수한 가능성을 나의 것으로 만들기 위해, 삶을 더 지혜롭게 빚어가기 위해, 매일의 흔적을 기록하며 살아가야겠다.

일기, SNS, 블로그 등 과거의 기록을 꺼내보자.
지금 보면 어떤 생각이 드는가?

# 흔들려도
# 부서지지 않는 것

흔든다고 사정없이 흔들릴 거였으면
애초에 시작하지 않았겠지.

희망이란 그렇게 단단한 것이다.

요즘 나는 어떤 희망을 품고 있는가?

# 멈추지 않아서
# 고맙다

그동안 잘 버텼다.

꽃이 피고,

파도가 치고,

잎이 떨어지고,

눈이 쌓이는 동안

수없이 헤매고 흔들렸고 살아내었다.

계속 그렇게 버텨낼 것이다.

수고하며 살아온 나에게 해주고 싶은 말.

## 100

# 오늘의 기록이
# 남기는 선물

1년 후, 어떤 모습으로 이 책을 펼쳐보게 될까.

이루고 싶은 것들을 적어보자.

그리고 딱 이맘때 다시 꺼내 읽으며 물어보자.


"그때 꿈꿨던 나에게 얼마나 가까워졌을까?"

"과연, 멋지게 해냈을까?"

# 1년 후, 어떤 모습이길 원하는가?

# 누구도 내 삶을
# 대신 걸어줄 수 없기에

책을 읽으며 떠오른 생각들을 하나둘 적어 내려가던 습
관이 이 책을 기획하는 계기가 되었다. 이왕이면 독자들
에게도 시각적으로 남는 것이 있었으면 했다. 평소의 고
민을 글로 써 내려가면서 해결책을 찾아갔던 것처럼, 이
책을 읽는 이들도 그러하길 바랐다.

돌이켜보면 인생의 모든 순간은 결국 나를 탐구하는 여
정이었다. 아나운서를 준비하며 수많은 면접 질문을 만들
었다. '어떤 아나운서가 되고 싶은가? 어떤 프로그램을 하
고 싶은가? 돌발 상황이 생겼을 때 어떻게 해결할 것인

가? 취미는 무엇이며 연애할 때 어떤 스타일인가?' 질문
들은 모두 달랐지만, 본질은 하나였다.

"당신은 어떤 사람입니까?"

그때 깨달았다. 정해진 정답은 없다는 것을. '반드시 이
렇게 답해야 합격입니다'라는 공식은 존재하지 않았다. 모
든 질문은 자기 자신을 향해 있고, 내가 어떤 사람인지 꾸
밈없이 진솔하게 표현하는 태도가 중요했다.

그 순간부터 스스로에 대한 궁금증이 깊어졌다. 무엇이
나를 설레게 하는지, 어떤 가치를 중요하게 여기는지, 나
는 언제 가장 나답다고 느끼는지. 그 질문들은 사회에 첫
발을 내디딜 때뿐만 아니라 첫 직장을 떠나 프리랜서로
전향할 때도, 마흔을 향해가는 지금도 따라다닌다. 그리고
그 답을 찾는 일은 여전히 가장 어렵다.

책 속의 100가지 질문에 진솔하게 답했다면 느꼈을 것
이다. 이 기록은 단순히 종이에 글자를 적는 행위가 아니
다. 질문을 따라가며 떠올린 인상과 감정 속에서 진짜 나
를 발견하는 과정이다. 물음에 대한 답을 술술 써 내려갈
때도 있고, 멈춰 서서 깊이 고민한 순간도 있었을 것이다.

어떤 질문에서는 명료한 답을 찾았지만, 어떤 질문은 여전히 풀리지 않은 채 남아 있을 수도 있다. 그게 꼭 잘못된 것은 아니다. 미처 채우지 못한 빈칸들은 앞으로 살아가면서 차차 채워나가면 된다. 그 과정에서 헤매기도 하고 마냥 회피하고 싶을 때도 있겠지만, 그럼에도 불구하고 당신만의 반짝이는 순간들을 자주 마주하며 글로 붙잡아 두길 바란다.

5년 혹은 10년 뒤 이 책을 다시 펼치면 같은 질문에 어떤 답을 적게 될까? 지금과는 다른 시선으로, 다른 감정으로 글을 써 내려가게 될까? 점점 더 섬세하게 다듬어질 삶의 변화를 스스로 바라보는 것도 꽤 흥미로울 것이다.

기록을 통해 때로는 과거의 나와 조우하며 위로를 받고, 때로는 미래의 나에게 다짐을 보내기도 하면서 자기만의 연륜이 피어난다. 우리가 기록을 꾸준히 하고 습관으로 만들려는 이유도 여기에 있을 것이다. 기쁘고 즐거운 날들을 차곡차곡 담아두고 불안하거나 방황하는 시기에는 속마음을 가감 없이 풀어내며 마음의 짐을 덜어내는 행위. 이 책은 여기서 끝나지만, 당신의 기록은 멈추지 않았으면 좋겠다. 앞으로도 계속해서 질문을 던지며 인생의 해답을 찾아가길 바란다. 나를 탐구하고 써 내려가는 끝 없는 모험은 이제부터가 시작이다.

## 남겨두고 싶은 말들

100개의 질문에 답하며 발견한 자신의 새로운 모습,

책 속 이야기 외에 쓰고 싶은 속마음,

의식의 흐름대로 끄적이는 메모 등

못다 한 이야기를 자유롭게 남기는 페이지.

# 나를 쓰는 시간

© 장예원, 2025

**초판 1쇄 인쇄** 2025년 3월 14일
**초판 1쇄 발행** 2025년 3월 26일

**지은이** 장예원
**기획편집** 이가람
**콘텐츠 그룹** 정다움 이가람 박서영 전연교 김신우 정다솔 문혜진 기소미
**디자인** STUDIO 보글
**표지 사진** 표기식

**펴낸이** 전승환
**펴낸곳** 책읽어주는남자
**신고번호** 제2024-000099호
**이메일** book_romance@naver.com

ISBN 979-11-93937-36-5  03190

| | |
|---|---|
| name | |
| address | |
| mobile | |
| online contact | |